深得人心的強效溝通術

郭台鴻◎著

原書名：上天下地全靠一張嘴

前言

不久前，我在大陸的一個電視訪談節目中，看到美國Sybase公司主席兼CEO、著名的美籍華人企業家程守宗，跟主持人談到了自己年輕時的一段經歷。他說，自己大學畢業後，就在一家美國公司工作，雖然他工作很努力，也因此多次受到上司表揚，卻始終得不到升遷。終於有一天，當上司再一次把本應屬於他的升職機會給了一位美國同事的時候，程守宗實在忍無可忍，於是鼓起勇氣找自己的上司談判：

「是否無論我怎麼努力，都不會有升職的機會？」他問道。

「說實話，是這樣的！」上司直接回答。

「可以告訴我原因嗎？」

「因爲我們覺得亞洲人普遍缺乏溝通能力，也就是說，我們覺得你沒辦法代表我們公司出席公共場合！」

這件事情給了程守宗很大的震撼，從此以後，他開始到一家「溝通訓練班」接受訓練，一連幾個月，從不間斷……過了一段時間之後，他終於獲得了升遷，不僅

如此，公司還讓他報銷了他自行參加訓練班的費用……

正如筆者在本書當中提到的，「無論任何時候，溝通都是一個人取得成功的最重要因素，其重要性甚至遠遠超出了他的專業知識。」著名成功學大師卡內基也曾經說過：「一個人的成功，只有十五%歸結於他的專業知識，還有八五%歸於他的思想表達、領導他人以及喚起他人熱情的能力。」

遺憾的是，我們十分缺乏溝通的教育，許多人對於溝通還處於非常模糊和陌生的階段。傳統意義上的「溝通之術」講的是如何應對自己周圍的人，或者說如何與人周旋，而不是「講究如何更良好地傳達資訊」的溝通。或者說，我們很多人雖然也知道該如何跟人進行溝通，卻始終無法將自己所知道的知識付諸於實踐。這不能不說是一大缺憾。

另一方面，我們對於溝通卻又有著極強的渴望，每個人都夢想自己能夠成為溝通高手，但在現實生活中，我們又都曾經因為溝通問題而屢受挫折。看看下面的問題，或許你會深有同感：

你是否希望自己成為一個八面玲瓏、處處受歡迎的人？

你是否感覺自己雖然用心良好，卻由於表達不當而曾經被人誤解過？

你是否希望自己能夠更加清楚地表達自己的意圖，從而使別人行動的結果更加符合你的預期？

你是否感覺自己有時候很難說服別人同意你的觀點？

你是否感覺自己有時很難讓別人對你產生興趣？

你是否感覺自己有時並不是十分善於跟下屬進行溝通？

你是否感覺自己的上司是個難纏的傢伙？

你是否感覺自己安排的某次會議並沒有達到理想的效果？

如果你曾經有過諸如此類的苦惱，那麼這本書就是爲你準備的！在本書當中，你將瞭解到：

進行有效溝通的十一條基本原則

有效傾聽的十三項技巧和八大訣竅

使用非語言手段進行溝通的四種方式

如何成功地跟任何對象開始及結束一場談話

如何跟你的上司或下屬進行有效溝通

如何成爲辦公室裡最受歡迎的人

如何成功地主持一場會議

……

無論你目前從事的是何種職業、處於何種年齡階段，或者希望在自己的工作當中取得怎樣的成績，本書提到的溝通技巧都將是你所必須的。而那些能夠讀完本書，並將書中提到的建議應用到生活當中的人，將會很快感受到本書所帶來的巨大改變！

目錄

第三章 讓你的身體說話

第四章 批評與讚揚的藝術

目錄

第八章 會議溝通技巧

第一章　溝通學問大

想要成為職場溝通高手，要具備以下三大基本技能：溝通技巧、管理技巧和團隊合作技巧。很多全球大企業都把這三點當作員工最基本的三項技巧，這也是一名職業人士應該學習的商務溝通基本課程。

第一節　無所不在的溝通

溝通！一說到這個詞，大家可能會說，誰不會啊？我們每天不都在溝通嗎？

在公司，和主管、同事、下屬溝通；在家裡，和老婆、孩子、父母溝通；在路上和陌生人也要溝通；平時還要和客戶、朋友溝通。我們的一生中花費了如此多的時間在進行溝通，但是有時又驚訝地發現，自己如何的不被人理解。

對於一個講究效率的現代人來說，每天的工作和生活都必須透過努力來實現目標，以達到成功的可能。但是這僅僅依靠個人努力是不夠的，還需要其他人的配合。就拿購物來說，顧客希望能買到物美價廉的商品，而商家則是本著有利可圖的方針；雙方在表達自己想法的同時，還需要考慮對方的立場和需要，否則就只能不歡而散。如果從雙贏的角度去思考問題的話，不但困難的事情變得簡單容易、事半功倍，也會讓你在人際關係上遊刃有餘、心想事成。

在社會競爭日趨激烈的情況下，具備全方位綜合素質的人才越來越被人們所看重；也就是說，你學到的東西越多，能做的工作也就越多，在職場上自然變得無比搶手。

想要成爲職場溝通高手，要具備以下三大基本技能：溝通技巧、管理技巧和團隊合作技巧。很多全球大企業都把這三點當作員工最基本的三項技巧，這也是一名職業人士應該學習的商務溝通基本課程。

對於那些有著成千上萬來自世界各地員工的跨國公司來說，有效的溝通不但可以建立和諧的企業文化，更可以大大降低由於溝通不暢帶來的巨大內部成本。對於那些正在成長的廣大中小企業來說，商務溝通同樣值得重視。

根據國外的一些權威調查顯示，在公司裡，老闆認爲自己已經花了百分之六、七十的時間在溝通，但員工們依然認爲，他們與老闆之間最大的問題在於溝通不足。這個調查告訴我們，要想溝通好，不只是增加溝通時間，更重要的是研究如何改善溝通技巧。許多公司的員工，雖然每天上班相處愉快，但是除了工作之外，沒有一點私人情感的溝通，工作完就回家了，好像現在大都市裡的鄰居一樣，住了很多年卻不知道自己對面鄰居的姓名。一些心理學家同時也發現，能激發員工更努力工作的非金錢性因素有兩個：一是員工的工作能經常得到別人的認可和鼓勵；二是他有好的工作群體和工作夥伴，而這就有賴於員工彼此之間的資訊和情感溝通。

在溝通問題中，最常被人提起的就是「不被理解」。說的人認爲自己說得很清楚，但聽的人往往把意思理解錯了。在人際溝通中，這會造成朋友、親人之間的誤解；在商務溝通中，會給公司帶來無法預計的損失。所以在企業裡，溝通一定要盡可能透明化。

一個有趣的調查顯示，我們工作中常用的投影器，放在個人的手裡使用，壽命一般爲七年，但是放在公司裡使用，壽命僅僅爲二年。也就是說，在公司裡，許多人對投影器的不恰當使用大大降低了其壽命。如果公司的一些操作規程能讓大家以最簡單而容易的方式理解、獲得，便能有效降低公司內部成本。調查顯示，企業中有百分之六十到八十的問題，是由於溝通不暢造成的。既然每個企業或多或少都存在著溝通不良的問題，那麼企業要透過怎樣的方式來改變這種局面，就成了急待解決的關鍵問題。

溝通效率是可以透過很多的原理和技巧來提升的。比如，如何提問和採取什麼樣的方式聆聽。因爲很多的誤解都是由於你要表達的和對方聽到的之間有差距。

而誤解沒有及時解釋清楚，就會造成溝通障礙。因此，及時反映資訊可以減少因誤解所帶來的溝通障礙。

舉個例子來說，企業招聘新員工時，會要求新員工必須具備良好的溝通技巧。而人事經理在面試的時候經常問應聘者：你怎麼和主管溝通？怎麼和同事溝通？怎麼和下屬溝通？面試者總能滔滔不絕地講出成功的溝通應該如何又如何。但是在實際的工作中，他卻達不到預期的溝通效果，不能保證工作的正常運轉。

溝通能力從來沒有像現在這樣成爲個人成功的必要條件！一個人成功的因素當中，七十五％是溝通，二十五％是天分和能力。人們越來越強調建立學習型的企業，越來越強調團隊合作精神，因此有效的企業內部溝通是成功的關鍵。對外，爲了實現企業之間的聯合與優勢互補，人們需要掌握談判與合作等的溝通技巧；對內，爲了在現有政策條件允許下，實現企業的發展並服務社會，也需要處理好企業與政府、企業與公衆、企業與媒體等各方面的關係。這些都離不開熟練掌握和應用管理溝通的原理和技巧。對個人而言，建立良好的溝通意識，養成在任何時候都能夠有意識地運用溝通理論和技巧進行有效溝通的習慣，達到事半功倍的效果，顯然也是十分重要的。

第二節　完整溝通的三大要素

要完成一次完整的溝通必須掌握溝通中的三大關鍵要素：

1. 溝通之前要確定一個明確的目標

溝通就是爲了一個既定的目標，在個人或群體間傳遞資訊、思想和情感，並且達成共同協議的過程。所以，一定要先有一個目標才叫溝通。如果是大家在一起說一些雞毛蒜皮的小事情，那是閒聊天、鬼扯淡，不叫溝通。職場中，我們可能經常遇到這樣的情況：同事或者朋友過來說，「小李，我們出來隨便溝通溝通」。「隨便」和「溝通」本身是互相矛盾的。

既然是溝通，就要有一個明確的目標，最後達成有效的協議，這是溝通的前提條件。所以，當我們和別人溝通時，應該以「我找你的目的是……」或者「我找你是想……」這樣的語句來開始，以便達到溝通的目的。

2. 溝通的主要內容是資訊、思想和感情

走在街上，你可以看到很多大幅的廣告寫著「溝通無極限」、「輕輕鬆鬆溝

通，快快樂樂做人」；打開收音機，你可以聽到主持人甜美的聲音說：「現在讓我們連線駐某某地的特派員……」這些都說明了溝通其實是一種以符號爲媒介的資訊傳遞過程。生活中的一些簡單資訊，如幾點上班、幾點起床、幾點吃飯等等，是比較容易傳遞的資訊，而更多的思想和感情上的資訊是否也一樣呢？

舉個例子，小劉邀請小王參加週末舞會，小王覺得自己跳得不好，還不如去看電影，小劉又覺得到電影院裡還不是一樣欣賞別人，他們最後商量的結果是——到體育館去打羽毛球。在這個簡單的溝通中，兩個人都是資訊的發出與接受者，小劉是主動的一方，雖然向小王提出的意見妥協，但最終還是達成了自己做主角的意願；小王看似被動，但他還是讓小劉照顧到自己的愛好和想法，最後兩人達成協議，也可以說是對結果產生了一定的作用，因爲羽毛球是需要兩個人玩的。這是一個成功的例子，但不是每欠溝通都有效。生活中，常常有很多事情阻礙我們思想和感情的溝通，誤會大都由此產生。

3. 溝通的結果是達成一個有效的協定

溝通要以雙方達成有效的協定才算是一次完整的溝通。沒有達成有效協定的溝通不能稱之爲有效溝通，只能說是有「溝」沒有「通」。溝通成功與否的標誌，就是看雙方可否達成了有效協定。

舉個例子，小劉自從戴上一只世界名表，覺得信心大增。尤其是今天，要跟「仰慕」已久的王董事長見面，就覺得格外有光彩。想想，現在商場上的大老闆，哪一個不戴名表？雖然那表怎麼看都又大又重，而且厚厚的，一點也沒有現代感，外面還加上一圈花花的、像齒輪一樣的裝飾，看起來很惹眼。

可是，戴名表不就是爲了引人注目，就爲「秀」，表示老子有錢、夠分量嗎？不引人注目還有什麼意思？過去每次跟商場的朋友見面，個個舉起杯子來敬酒，腕上的「滿天星」閃閃發亮，只有小劉最寒酸了。有一陣子他甚至把表藏在口袋裡，別人問，就說忘記戴了。不戴，都比戴這個爛表有面子！今天，小劉跟董事長約好了談一項重要的投資，這個案子是小劉一手主辦的，如果能得到董事長的批准，他在公司的威信就可以升好幾階了。董事長特別忙，能得到他約見一個小時，小劉可是異常地興奮。爲此，他準備了好幾天。當然，今天的小劉裝扮也不一樣，他走進王董事長的辦公室，就舉起手看手表。

「你有急事？」王董事長一面請小劉入座，一面也看看手表，問小劉。王董事長戴的不也是這種金表嗎？「沒事，沒事。」小劉說，又舉起手看了看表，還故意抖了抖手腕，讓那金表鏈發出一串聲音。接著打開公事包，拿出準備許久的資料，雙手伸得長長的遞給王董事長，左手尤其伸得更長些，露出那只新表。王董事長一頁頁地翻，小劉靜靜地看，想起手上的表，心又怦怦地跳，覺得好神氣：「像我這樣貧苦出身，才工作三年的小子，有幾個戴得起這種表中之王的。」小劉又故意理了理西裝、伸了伸手，讓金表從袖口裡露出來，再托著自己的下巴，把手背向外轉，好讓王董事長不時地抬起頭，就能看到自己的新錶。突然，王董事長不翻了，把資料還給小劉，笑笑說：「好構想！好構想！但是需要時間慢慢商量，我看你也很忙，我們就改天再約吧！」接著就按對講機，叫秘書進來送客了。

「我不忙，我不忙，您可以慢慢看。」小劉舉著手裡的資料，急著說。「我看你一定還有事。」王董事長把資料擋了回去，「我也很忙，等大家都有空的時候再說吧！」

這種普遍存在的「溝」而不「通」現象時常發生。由於對溝通內容理解不同，所以未能達成協定，影響了工作效率，給雙方都增加了麻煩。

第三節　關於溝通，我們瞭解多少

有對夫妻在一起生活了三十年，每天的早餐都是由丈夫切麵包，他總是把最外面的一片留給妻子。終於有一天，妻子發洩出心中的不滿：「爲什麼三十年來你一直把我最不喜歡吃的最外面一片給我呢？」丈夫呆若木雞，其實他自己最喜歡吃麵包最外面的一層皮。

現代人越來越需要溝通，然而關於溝通，我們又瞭解多少？

1. 人隨時都在溝通

亞里斯多德說過：「一個獨立生活的人，他不是野獸，就是上帝。」沒有人是可以獨立生存的。人只要生存，就需要與存在於周圍環境的人、事、物進行溝通。即使是單獨在辦公室負責管理的人員，或者是在生產線上操作的工人，他們工作時可能無法與其他人溝通，但誰又知道他們當時沒有在與自己的內心做溝通呢？

2. 所有溝通形式所包含的因素都相同

不管是一對一的面對面溝通、電話溝通、書信溝通，還是多人參與的組織溝通，溝通的過程都包括資訊的發送者，資訊、資訊通路以及資訊的接收者等等。要把這些元素都整合起來才是一次完整的溝通過程。

3. 資訊的收發是互相影響的

發出資訊的方式直接影響著接收資訊的方式。就拿講述一件很重要的事情爲例，如果你表情凝重、語調深沉，對方就會感覺到事情可能很嚴重，也會用嚴肅的態度來對待。如果你嘻皮笑臉，那對方也會表現出沒什麼要緊的態度。

4. 溝通受環境的影響

溝通環境指的是，「事先就已存在，並會一直延續下去的人和自然因素」。當人們相互交流的時候，很多外在的因素會影響到資訊的發送、內容以及對資訊的理解。一對好朋友正在房間裡談心，其中一位的母親突然走進來，那兩個人也停止了剛剛的話題，說起一些不痛不癢的事情，直到母親離開爲止。通常我們會根據不同的談話場所來選擇話題，同時也選擇談話的方式，是直接的好，還是含蓄的好。這些自然和環境的因素對溝通的品質、深入程度都具有很重要的影響。

5. 重視溝通的效果

人們已經對迎面而來的、滿坑滿谷的資訊處於麻木的狀態了，但是眞正有效的溝通即便不是立刻，最終也一定會產生效果。所謂效果，就是資訊的被接受，它可是比我們想像的更困難。比如，妻子很善意地提醒丈夫在休假日不要安排太多的活動，免得過於疲勞，丈夫卻說：「我讓自己的生活充實一些不好嗎？」於是雙方爭吵起來。妻子的好意被丈夫認爲是一種干涉。這樣的例子不勝枚舉。

人們考慮最多的是自己的意思，而忽略了所傳遞的資訊是否能被其他人所接受，這樣就影響了溝通的效果。

6. 溝通就像在冰上跳舞

看過花式溜冰的人都很喜愛其中的雙人溜冰，因爲它是兩個人默契的配合，一方的舞姿、技巧的熟練程度和對音樂的領悟，都在同一時間傳遞給另一方，讓對方及時地調整自己的步調，這是一個人所無法完成的。

如果說一個人說話只傳遞資訊而不考慮其他人的感受，那他只是滿足了自己說的欲望，並沒有達到溝通的目的。

總之，有效溝通的實質就在於「是否給予和收取有用的資訊」。

第四節 有效溝通的十一條基本原則

中國大陸一家電視臺做了一個有趣的測試。他們招募了三名大學生志願者，每人領三十元，讓他們到一個完全陌生的城市獨立生活三天。如果這件事發生在六、七〇年代，他們用這三十元可以維持一個月的生活，但是在今天，就算再精打細算也不夠生活。按規定，他們必須過正常人的生活，得吃飯、喝水，不能睡火車站。結果他們最後誰都沒有用完那三十元，有人還賺了返回學校的路費。這三天，他們並沒有孤軍奮戰，下了火車他們就去問路、找住處、找工作。沒有很好的人際溝通能力是不可能迅速贏得別人信任的，更不要說是找到一個合適的住處和工作了。他們的成功也證明了現代人的生存是離不開別人的幫助的。

我們總是處在溝通的環境中，自己如何在最大程度上被人認可和支持，通常是由自己的社交能力、品格以及爲人處世的方式所決定，它也可以決定一個人事業的成功和失敗。要想贏得他人的好感，得到支持，至少要注意以下幾點：

1. 與他人溝通時要坦白開放

要想受別人歡迎，就要先讓人家信任自己，對方才能以眞心的態度與你溝通。一般人都會向坦白又誠懇的人敞開心扉的。

2.要謙虛自律，不要意氣用事

剛剛畢業的學生很多都是年輕氣盛，又能很快地接受新知識、新觀念，這是年輕人的可貴之處。但是有些年輕人會把這種能力當成炫耀的本錢，無論大事小事都要攀比較勁，以此來宣揚自己，這樣很容易引起人家反感。以後當人家再遇到你時，肯定也懶得理你，或者躲你如瘟疫一般，久而久之，你就會被衆人遺棄，更不要談得到別人的支援了。

3.經驗可以教人很多的東西

一些人說話比較保守，還有一些人則比較誇張。這些「記錄」會告訴你哪些內容你應該相信、哪些內容可以忽略。

4.不能出口傷人

不管是與誰溝通，你的言行不能傷害到他人，這是很重要的。你的任何意見或看法，都要三思而後語，不能過於心直口快，語氣更應該平和溫順，不能含沙射影。

開口之前要學會換位思考，想想對方是否願意聽自己的話，如果可能願意才說，如果可能不願意，那就把要說的話吞回到肚子裡吧！

5.要經常與朋友談談心，互相鼓勵

每個人困難的時候都想有個知心的人能訴訴苦、解解悶，減輕一些痛苦；而在快樂的時候和朋友一起分享，就能得到更大的快樂。眞心的朋友絕對是溝通的好對象，把痛苦向他訴說可以得到解脫，把成功的喜悅和他分享可以使喜悅加倍。

6.要集中精力聆聽

注意聆聽才可以使對方敞開心扉，遺憾的是，很多人都沒有在這方面多加注意，他們聽人家說話三心二意，要不就只顧滿足自己說話的欲望，而不讓別人發表意見。

7.表裡一致、言行合一才能讓人產生信賴感

8.對朋友尤其要豁達

在與別人相處的時候，難免會有一些不開心的事情。如何正確地處理這些小摩擦，對於生活和工作都非常重要。善於溝通的人在處理不愉快的事情時，總會表現出豁達的態度，讓對方先看到眞誠，也因而願意表示友好；你也用友好的態度證明了自己是一個値得信賴的朋友，別人同樣會用眞誠對待你。

9.對生活經常保持熱情和激情

要讓你周圍的人感受到你的熱情和激情。

10.要時刻記得給人留下好印象

人與人之間的交往，好印象發揮很重要的作用，對人際間的溝通也有加分作用；反之，不好的印象一定會阻礙有效的溝通。如果你始終是守信又正直的，那就一定會有人隨時隨地的支持你。

11.不能探聽別人的隱私

年輕人喜歡追根究底，但是如果不分場合、對象地東拉西扯，就讓人很討厭了。

第五節 溝通的三個盲點和三大理念

我們常常說某人很有幽默感，但幽默是什麼呢？英國幽默作家王爾德說：「可以使人開懷大笑的，就是幽默！」《洛杉磯時報》專欄作家傑克．史密斯則說：「幽默是一種看待萬事萬物都顯得『新奇有趣』的生活態度。」有幽默感的人，能從平凡小事中發現有趣、光明的一面；沒有「幽默感」的人對任何事都無動於衷，讓自己陷入「一潭死水，毫無生氣，甚至枯燥到無以復加」的境地。

由此可見，幽默在人際交流中具有不可替代的作用。「幽默感」是一種潤滑劑，可以消除人與人之間的隔閡，達到交融的完美境界。隔閡沒有了，人與人的關係也就更近了。

究竟人際關係在成功因素中佔據多少比例呢？我們暫時還沒有找到權威的調查結果，但是從人才市場的調查中可以看到，「人際關係」已經成爲跳槽的重要導火線。

二○○三年三月三日在《信報》一篇「CEO—知道你爲什麼失敗嗎？」的文章，

我們可以大致總結出三點：

1. 決策獨斷

企業家們通常都是集創業、所有權、決策權和執行權於一身，而董事會就形同虛設，下屬更是要俯首貼耳了。在缺乏有效溝通和約束的機制下做事，出錯的機率當然大大提高。

2. 不善處理人際關係

身為一個企業的老闆，如果沒有辦法處理好員工和老闆、員工和員工之間的關係，就是他失敗的開始。很多老闆並不清楚他的員工需要什麼，以為他們最需要的就是金錢。但是事實上，有部分員工更看重的是老闆的認可和讚揚，這樣可以激發他們的工作熱情。有時，老闆一個鼓勵的笑容都能成為員工努力工作的原動力。

3. 沒有一個忠貞不渝的團隊

擁有一個忠心不二的團隊也是老闆成功的最佳獎勵和見證。即使當事業跌入低谷，你身邊的團隊仍然會一如既往地支持你，做你堅強的後盾。這樣的老闆，才是一位傑出的管理者。

一個拍婚紗照的攝影師在談到自己的成功秘訣時說：最重要的，就是要先和顧客進行溝通，如果缺少了這個環節，無論你有多麼高超的技術，顧客也不會滿意的；與顧客聊過天之後，他們可以在鏡頭前表現得更輕鬆自然，這樣才能拍出他們最自然的一面，即使拍攝的結果並不十分讓人滿意，顧客也會對攝影師的工作給予認可和尊重。

有些人的工作對象並不一定是人，他們每天面對的可能是機器或者實驗儀器、設備之類的東西，是不是這樣的工作就不需要很好的溝通技能了呢？有位從事多年科研工作的博士提出了自己的經驗談：一開始，我認爲溝通對我並不重要，但是很快地，我發現組長辦事不公平，對於「嘴甜」、「會拍馬屁」的比較偏心，而長時間的人際摩擦與隔膜會影響一個人的心境。

我知道一個眞實的故事：一家公司開除了他們業績最好的業務員，原因是她和公司的每個員工都發生過爭執；她在賣出商品之後，從財務、倉管到維修，沒有一個人願意配合她的工作，這種孤家寡人的工作環境，最後自然也會影響她的業績。由此可見，工作中的良好溝通與配合是至關重要的。我們每個人都處於組織的各個環節中，一個人是不可能完成所有流程的。

改變溝通中的三個盲點

盲點1. 溝通並不是難事，我們每天不是都在溝通嗎？

從表面上看，溝通是很容易，就像人每天在呼吸空氣一樣簡單自然。但是，正因爲溝通如此的「平凡」，才更容易讓人忽略了它的複雜性。如果想要成爲溝通中的高手，首先要確立一種意識——溝通雖然看起來很簡單，實際上卻是一項非常困難又複雜的工作。

盲點2. 我告訴他了，所以，我已經和他溝通了

當你聽到有人說：「我告訴過他們，但是他們並沒有弄清楚我的意思！」這樣的人，以爲要表達的意思就在字眼裡，只要語言合適，就完成溝通了。其實「語言」本身沒有「意思」，溝通裡還包含一個翻譯轉化的過程。

盲點3. 只有當我想要溝通的時候，才會去溝通

你肯定看過這樣的講演者，身體僵硬的走上講臺，當他拖著猶豫的腳步前進時，他的雙肩是下垂的。你也曾看過有些演講者，一開始用挺胸抬頭、瞪視觀衆和嚴肅的語氣來克服他的怯場。其實，他們發出的訊息，並不是出自他的本意，而是發生在講演者毫無意識的反應。

樹立正確溝通的三大理念

1. 避免以自己的職務、地位、身分爲籌碼進行溝通

溝通程度的深淺是由你與溝通對象有多少共同點來決定。共同點就是在興趣、目標、價值觀上的某種共識。溝通中如果缺少了這種共識，恐怕也是竹籃子打水一場空了。如果一位經理只是站在自己的立場上，而不考慮員工的利益，勢必會與大家形成隔閡，這也是溝通所無法逾越的障礙。

2. 在溝通過程中，試著去適應別人的思維，體會別人的看法

簡單說就是「換位思考」、「替他人著想」，要是能夠設身處地爲他人著想，體會他人的感受，想像他人的感受，對溝通是非常有益的。如果可以和他人一起思考、一起享受，那收穫就更大了。

3. 記住，主要的目標是溝通，而不是抬槓

有效的溝通不是辯論賽。對於接收者而言，溝通中的發送者所扮演的角色是僕人，而不是主人。說話者要隨著聽話者的態度來改變話題，但是聽話者仍然有權選擇要聽與否。所以，你有權力在溝通中強制對方的溝通行爲，但是卻沒有辦法指揮對方的反應和態度。

第二章 學會說「漂亮」話

在交談過程中，碰到一些比較困難或者是較為敏感的問題，如果我們拒絕回答，交談就會中斷，雙方很可能會尷尬得不歡而散，但是如果我們懂得巧妙岔開話題，或者提出一些與之關聯的其他問題，交談就得以順暢地進行下去。

第一節　漂亮話這樣說

一位妻子要過生日了，她希望丈夫不要再送花、香水、巧克力，或只是請她吃頓飯。她希望得到一顆鑽戒。

「今年我過生日，你送我一顆鑽戒好不好？」她對丈夫說。

「什麼？」

「我不要那些花啊、香水啊、巧克力的。沒意思嘛！一下子就吃完、用完了，不如鑽戒，可以做個紀念。」

「鑽戒，什麼時候都可以買。我送妳花、請妳吃飯，多有情調！」

「可是我要鑽戒，人家都有鑽戒，而我沒有，就我可憐、沒人愛……」結果，兩個人因為生日禮物吵了起來，鬧到要離婚。更絕妙的是，大吵完了，兩個人都糊塗了，彼此問：「我們是為什麼吵架啊？」

「我忘了！」太太說。「我也忘了！」丈夫搖搖頭，笑了起來。

「啊，對了！是為了妳要一顆鑽石。」

另外一位太太想要一顆鑽石當作生日禮物，但是她沒有直說，她說：「親愛的，今年不要送我生日禮物了，好不好？」

「爲什麼？」丈夫詫異地問，「我當然要送。」

「明年也不要送了。」丈夫眼睛睜得更大了。

「把錢存起來，存多一點，存到後年。」太太不好意思地小聲說，「我希望你給我買一顆小鑽戒……」

「噢！」丈夫說。結果是，妻子生日那天，她還是得到了禮物——鑽石戒指。

比較這兩段「溝通」的故事，可以知道第一例中的妻子不是很會說話，她從開始就否定了以前的生日禮物，讓丈夫傷心。接著她又把自己的丈夫和別人做比較，傷了丈夫的自尊。最後，她居然否定了夫妻感情。這樣硬要來的禮物，就算得到了，又有什麼意思呢？她丈夫的感覺也不好啊！第二位太太就聰明多了。她想要鑽戒，卻反著說話，無論是太太或是丈夫，感覺都很好，這不就是「雙贏溝通」嗎？

第二節　有效傾聽的十三項技巧和八大訣竅

在溝通中，任何時候都不可能只有一方在傳達資訊，即使一方是主要的資訊傳達者，也要根據接受方的不同表現來調整傳達方式。

丈夫下班回家，興致勃勃地對妻子講述今天和單位主管的談話，妻子只是隨便地應了一句，就把話題轉到家庭瑣事上面。丈夫發現自己其實是這場發言權爭奪戰的失敗者，只能把得意嚥回去，他感慨道：「對於女人來說，有時候一對敏感而善解人意的耳朵，比一雙會說話的眼睛更迷人。」事實上，不管是男人還是女人，都需要打開自己的耳朵去傾聽別人的聲音。

思考一下，我們跟別人說話的目的是什麼？還不是爲了問候、求助、建議等等，不管是出於哪種目的，我們都不希望看到對方毫無反應。心理學家馬斯洛把人類的需要分爲七種層次，尊重需求和理解需求是其中兩個最高的層次需求。

當你剛剛告訴同事你要去開會，以及會議的內容、時間等等，你轉過頭要離開的時候，她又問你要到哪裡、做什麼？你可能只會產生輕微不快的感覺。但是當你向醫生述說身心的痛苦時，卻被對方不耐煩地打斷，你會不會覺得自己受到了傷害，沒有被尊重和理解？在這資訊爆炸的社會環境下，人們工作的節奏越來越快，精神壓力加大，使得希望被尊重、被理解的願望變得更強烈，有人傾聽我們講話，會讓我們的心靈在某種程度上得到極大的滿足。

如何提高傾聽的技巧

1. **儘量把你的言語減到最少，因爲說話和聆聽是不能同時進行的。**
2. **建立協調關係**。瞭解你的對象，試著由他的觀點看問題。這是提高傾聽技巧的主要方法之一。
3. **表現感興趣的態度**。讓對方相信你注意聆聽的最好方式，是發問和要求說明他正在討論的一些論點。
4. **簡要說明討論的要點，包括主要論點**。這是有效的溝通方法，不過在簡述要點時，不要做詳細論述和批判。
5. **溝通中的聆聽是爲了表達意見和感受，而不是爲了給別人留下深刻的印象。**
6. **相互間要盡力瞭解溝通的意見**。記住簡單原則，用簡單易懂的常用文字。

7. **面向對方的臉、嘴和眼睛**。將注意力集中於對方的外表。這能幫助你聆聽，同時完全讓對手相信你在聆聽。

8. **對準焦點**。試著將注意力集中於對方談話的要點。努力地檢查、思索過去的故事、軼事和統計資料，以及確定對方談話的本質。

9. **克制爭論的念頭**。你和你的對手所以成爲對手，意味著你們之間必定有意見不一致的地方。然而，打斷他的談話只會造成溝通的障礙。學習控制自己，抑制自己爭論的衝動。放鬆心情，記下要點以備一會兒討論之用。

10. **不要猜測**。猜測會讓你遠離所要溝通的目標。所以你要盡力避免猜測你的對手。不要猜測他想用眼光的接觸、面部的表情來唬住你。有時候猜測可能是正確的，不過它常是溝通的最大障礙。

11. **不要立即下判斷**。人們常會在一件事情還沒有弄清楚之前就下結論，即使是思想最無偏見的人也不免心存偏見。誠實地面對、承認自己的偏見，並且聆聽對手的觀點，容忍對方的偏見。

12. **記錄**。做記錄不但有助於傾聽，又能集中話題並取悅對方。如果有人重視你所說的話並做了記錄，你不會受寵若驚嗎？

13.**用自己的話語查證對方**。避免誤會的最好方法，就是用自己的話表達出來，讓對方去加以證實。只有這樣，你才能正確的溝通。

八大提高傾聽技巧的訣竅

1.**目光接觸**。當你說話時對方卻不看你，你的感覺如何？大多數人將其解釋爲冷漠或不感興趣。雖然人只用耳朵就能傾聽，但是別人可以透過觀察你的眼睛來判斷你是否眞的在聽。

2.**適時地點頭表示讚許，還要配合恰當的面部表情**。有效傾聽的傾聽者會對所聽到的資訊表現出興趣。透過一些非語言的信號，像是表示同意的點頭、恰當的面部表情，與積極的目光接觸，都可以讓說話的人知道你在認眞地傾聽。

3.**不要做出分心的舉動和手勢**。儘量避免做出讓人感覺你的思想在遊走的舉動，像是一直看表、心不在焉的亂翻檔案、隨手拿筆亂寫亂畫的，這會讓說話者感到你很厭煩，對話題不感興趣，更重要的是，這表明了你並沒有集中注意力，因此很可能會漏掉說話者傳達的一些有效資訊。

4.有些批判性的傾聽者會分析自己所聽到的內容，提出問題。這樣做可以確保對傾聽的有效理解。

5.有效重複。就是用你自己的話把說話者要表達的資訊重新再闡述一遍。有些人在傾聽時會這樣說：「你的意思是不是……」或者「我覺得你說的是……」這樣做有兩大作用。

首先，它是檢查你是否認眞傾聽的最佳手段。如果你心不在焉，你一定不可能準確地闡述完整內容。

其次，複述說話者的資訊，並將此資訊回饋給說話者，也可以檢驗自己理解的準確性。

6.不要中途打斷說話者。在你表達自己的意見和態度之前，先聽完說話者的想法。在別人說話時不要試圖去猜測對方的意思，等到他講完，你就自然一切都明白了。

7.少說爲妙。大多數人都只想傾訴自己的想法，而不是聆聽別人。很多人聆聽只是因爲這樣可以換取別人聆聽他。儘管說的樂趣可能遠大於聽，但是一個好的聽衆懂得我們不可能同時又聽又說。

8.順利轉換聽者與說者的角色。在大部分工作環境中，傾聽者與說話者的角色不停在交換。有效的傾聽者能夠在兩種角色之間流暢的轉換。從傾聽的角度而言，這代表著聽者正全神貫注於說者的談話內容中。

喜歡搶發言權的人比比皆是，因爲人們通常都更在意和關心自己的需要和興趣。高興的事情不吐不快，煩悶和痛苦也同樣需要渲泄。但在大多數的交流中，我們用於應答和傾聽的時間，與講話的時間一樣多，只是我們自己常常無法意識到這點，而且善於傾聽的人並不多。由於過度熱中暢談自己而忽略了他人的感受，其結果就是談而不暢，因爲別人對於傾聽你的談話已經失去了興趣。因此我們要牢記，和你談話的人對於自己的需要比對你的需要、問題感興趣千倍、萬倍。

卡內基曾與一位著名的植物學家聊天，聽對方談大麻和馬鈴薯的種植，結果他被對方奉爲「最有意思的談話家」。其實卡內基本人並沒有說幾句話，只不過是表達出一種受益良多，並願意瞭解更多的願望。許多人不能留給別人好的印象，主要是因爲他們不注意聽別人講話。他們太專注自己要講的話。

第三節 沒有傾聽就沒有溝通

巧用耳朵

外國諺語說：「用十秒鐘時間講，用十分鐘時間聽。」聆聽就是對對方所說的話表示興趣，集中精神，記住說話人的講話重點。

1. 聽的意義

俗話說：「說三分，聽七分。」可見聆聽在言語溝通中的重要性，在言語表達中，擅於說話的人並不等於一個擅於聆聽的人。

聆聽，是一種心理機能，是人的一種感覺和認知。聆聽，不是只用耳朵，還要用眼睛、用腦子，是一種積極的心理反應，不是消極、被動的「解碼」行爲。善於聆聽的人，會利用自己的經驗對資訊進行「再創造」和「再評價」。

溝通是以聽話的人爲目標，也就是說，「說」是以「聽」爲前提的，眞正擅長溝通的人，最明顯的特點是使自己所說的話達到預期目的，而不是自己滔滔不絕地對人說個不停。

2.聽的技巧

口語資訊的傳達和交流有三種方式：直接表達、委婉表達、暗示表達。因此，只有會聽，才能準確地攝取資訊，合理地進行溝通交流，所以說「溝通」並非只是光說話，雙方沒有交流，就構不成溝通。一般來說，聽與說不能獨立存在。會聽，才能領悟對方表達的主旨，交流才能有效和諧地進行下去。如果聽不清或聽不懂，就談不上語義的分析、歸納和推理，也就不能做出及時、正確的反應。「聽君一席話，勝讀十年書」，沒有良好的聽辨能力，就是一句空話。

3.聽的藝術

聆聽也是一門藝術，擅於說話的人，首先必須是一個善於聆聽的人。

聽別人說話時，除了回應聲或重複對方關鍵性的話語之外，還應用微笑、眼神等肢體語言給予積極的回應。聽別人說話時，要明確話題中心，抓住要點，獲取最重要的資訊。要聽清楚話語中隱藏的意思，眞正弄懂對方說話的意圖；結合非語言資訊的幫助，有效地瞭解對方的眞正目的。不要輕易打斷對方的話，不要匆忙地下結論。

溝通不是演講，演講時你可以一個人慷慨陳詞；溝通也不是聊天，沒有利害關係，天馬行空地鬼扯淡。溝通是要透過說的方式來解決一定的問題，所以不能是個人的滔滔不絕，一定要認眞傾聽對方的話語，以此來揣摩對方的心理和意圖，掌握有利於自己的條件。一定要能聽出「弦外之音」，悟出「言外之意」，做一個好的「聽衆」，才能把握住溝通的主動權。上帝給了人一張嘴，卻給了人兩隻耳朵，所以有人調侃地說，聽比說更重要。

第四節 創造良好的交談氛圍

交談是溝通的主要方式之一。交談的時間有長有短，交談的目的和內容更是千變萬化。但對於交談者來說，不論交談時間長短、交談內容簡單還是複雜，都是爲了尋找一個最有效的方式，以求給對方留下深刻的印象，達成有效的協定，圓滿的解決問題。

1. 萬事開頭難

在交談的初期，尤其當我們面對的是陌生人的時候，常常處於不知從何談起的尷尬境地。就算談話的對象是我們熟悉的人，也不知道該如何直截了當的開口。爲了使談話順利，一開始就營造一個輕鬆、自然的談話環境至關重要。

首先，要學會在談話的啓動階段對別人表現出關心的態度，噓寒問暖的言語是必不可少的。比如：「好久不見，最近還好嗎？」「剛到一個新的環境還能適應嗎？」「新同事剛來，有什麼需要我幫忙的嗎？」也許類似這樣的語句對於所要溝通的內容並沒有什麼實質上的意義，但是這樣的態度能讓交談的雙方都感到放鬆、自然，談話才有了繼續的可能，尤其是當溝通的內容並非好消息的時候，這樣的談話氛圍就更重要了。

有人這樣說過：「天氣的話題永遠都不會過時。」很多人在沒話可說的時候都會以天氣作爲開場白，這樣做其實是很有意義的。因爲一般的交談與會議上的發言、演講不同，不需要精心設計開場白來吸引注意力。從身邊的小事談起會營造很好的效果。

一天早上，我在晨間運動時遇到一位阿姨，一開始見面就是微笑、點頭，互相表示友善，然後我以天氣開始了談話，一下子就讓那位阿姨打開了話匣子。她開始滔滔不絕的講台北以前的氣候和現在的變化，還有她身邊的很多事情。交談的整個過程輕鬆愉快，我也有了很大的收穫。

當然，也不是所有談話都必須以天氣開始，每天環繞在我們周圍的事情很多，都可以作爲開場白，只要你隨時隨地觀察到了，就可以成爲話題。留心觀察身邊的事物，你就會發現談話的內容，有了愉快的談話環境，溝通也會變得如此簡單輕鬆。

2. 溝通是雙向的交流

有了成功的開始，如何繼續更是關鍵中的關鍵。大部分的談話都是雙向的，而不是單方面的解說，談話的主要一方就要時刻想著如何激發對方的談話興趣。

首先，給對方更多的時間來談論自己。一位飛行員去參加一個談話節目的錄影，一開始他只是和主持人做問答遊戲，甚至有些無話可說。這時，主持人機智的想到了一個問題：「當你在空中遇到敵人的時候，你會想到什麼，怎麼做？」就是這樣一個問題一下子引起了談話者的談話興趣，以致於節目都無法結束。

「讓對方談自己」是成功引發談話者興趣的重要手段之一。不管是內向還是外向的人，都有他自己所擅長的話題，而這些話題應該是他們所熟悉的事物，例如他們的工作和生活。和司機交談的內容應該是交通、車輛和各式各樣的乘客，和教師的談話內容就應該是孩子和教育有關的事情。

其次，可以談論對方感興趣的人或者事情。電視劇裡常有這樣的情節：嫌疑犯接受審問的時候，常常三緘其口，讓員警很爲難，審問陷入僵局；這時，員警會轉換話題，開始和嫌犯談他們的父母或家人，一段時間後，眼淚從一個鋼鐵般的男人臉上流下，最後終於撤去心防，轉而和警方合作。這一切都證明，只要抓住談話的重點，發現讓談話者感興趣的主題，即使是鐵漢也會變得軟弱。

每個人擅長和關心的話題各有不同，在談話的最初階段，我們不可能一下子就找到談話者的興趣、愛好。但是有一種話題，也就是所謂社會的焦點問題，幾乎都可以激發談話者興趣。這種熱門話題，常常會很快地拉近陌生人的距離，使交談得以順利進行。在溝通與交流中，成功交談既可以達到目的，又可以進行心靈的交流，因此交談中所涉及的內容應該非常的廣泛。爲了避免交談出現溝通中斷的現象，我們必須在交談的一開始，就盡可能的從對方談話的細枝末節中，掌握多方的基本情況。

從哪裡入手可以瞭解對方的基本情況呢？對方不可能有意識地自我介紹，但是從他的隻字片語中也可以做出初步的判斷。例如，某人談到他剛剛換了工作，離開了原來那家已經工作了很多年的公司，如果他在談起這件事情時，對原來的公司沒有絲毫留戀，我們不難判斷他與原公司之間可能發生過不愉快，那麼在和他的交談中，我們要避免詢問他換工作的原因。總之，要做個特別有心的人，避免觸犯他人的忌諱。

第五節 打開天窗說「漂亮話」

進行交談時，我們有時會「碰到」有利於談話主題的內容，此刻我們應抓住時機，自然而然地過引到我們所要解決的問題上去。

一位律師受病人家屬之託，到一家醫院去解決醫病雙方的糾紛，在與院方見面之初，這位律師談到自己也曾在一家醫療單位工作過，巧合的是與院方代表的親戚是同一家醫院，於是雙方立刻有同是一家人的感覺。這位律師抓住了這種認同感，馬上說：「一家人不說兩家話，讓我們共同來化解這場糾紛吧！病人的要求是……」這種順水推舟的時機，是需要我們用心去把握的。

在實際工作中，我們時常會碰到有一定難度的交談，沒有鋪陳的「開門見山」是行不通的，過分兜圈子也不可取，如果能夠從對方的話語中找到切入主題的契機，就可以使本來看似困難的談話變得容易一些。那麼，怎樣運用溝通技巧呢？

1.**掌握說話的主導權**。即便你在本書一無所獲，也不妨瞭解一下這條規則。爲了將對話納入你預想的軌道，最關鍵的因素是你要如何控制對話。你可以滔滔不絕地說，使他人無法插嘴，或者嚇唬別人不讓他講。透過選擇詞語和反應方式，你能控制對話朝著有利於自己的方向發展。在許多情況下，你必須先「出拳」，來逼迫對方做出反應。必要時可以誘使對方還擊，落入你設定的程式。那樣，你就能從從容容的作答。

2.**直言不諱的表達**。爲什麼大多數人常常欲言又止、詞不達意。也許是因爲不想讓人覺得自己要求太多，也許是因爲擔心被人拒絕，好多人說話往往拐彎抹角、充滿暗示，而不是直截了當。你不能指望別人猜想你的目的，或者領會你的暗示。還有，如果你吞吞吐吐、欲言又止，你等於讓對方有機會迴避爭論，不做表態。其實，應付斷然的拒絕，比你想像的要容易得多。

3.**表明自己的立場與權利**。適時表明權利。譬如說，你是某家餐廳的老主顧，你就擁有兩項權利，你可以當衆大吵大鬧，也可以決定是否付帳。你把服務員或主管喊過來，在他們耳邊悄悄說，這份菜你吃得不合胃口，打算換一份。這時候你就在表明，你對自己的權利瞭若指掌，但控制著沒有發作，看他們有什麼表示。假如你眞的大聲嚷嚷，雖然你立刻出盡了風頭，但實際上已王牌出盡，盡失優勢。

4.**有效的控制情緒**。你不該怒氣沖沖。怒氣外露其實是一種理屈詞窮式的自我挫敗。你發火時，是在傳達一種訊息：「我沒有眞正的權利，只好大叫大嚷。」切記，只要有可能，千萬制怒。同樣，看到別人發火，最好的反應，就是忍受或者轉移對方的怒氣。你可以先承認他的怒氣，繼而巧妙的化解、轉移怒氣。

學會了溝通的技巧，是不是就在溝通中無往不利了呢？不是這樣的，我們在溝通中需要學習的技巧還有很多，比如說如何才能讓溝通不會冷場？怎樣把握溝通的節奏？怎樣避免溝通的中斷等等，這些都需要我們在學習運用溝通技巧的同時，也要注意提問的技巧。

一、要學會問開放性的問題

舉兩個例子。

對話A

「據說這部電視劇很好看，你能告訴我幾個好的看點嗎？」

「好啊，讓我想一想……」

「你認爲這部電視劇導演以前的作品和現在有什麼區別呢？」

「這部片子似乎……」

對話B

「這部電視劇好看嗎？」「還好。」

「這個導演的其他作品你看過嗎？」「沒有。」

對話A的問題具有啓發性，能夠引起對方談話的興致，讓人抒發己見。B是典型的是非題，答案也是封閉的，雙方問一句、答一句，沒有任何相互討論、相互激發的意味。有些人發現自己與生人談不起來，對方只回答簡單的幾個字就沒話說了，原因往往就是你問話的方式「封死」了對方的回答。

如何提出開放式的問題呢？在發問方式上，要注意給對方思索的機會。對方是在與我們進行交談，而不是在接受我們的採訪。即使我們交談的目的是爲了瞭解對方某些問題，也不宜窮追不捨地連續發問，這樣會使交談變得緊張，對方亦會感到疲乏厭倦、有壓力，就此失去繼續交談的興趣。另外，由於個人所處環境、教育背景不同，每個人都有自己的缺點，如果我們提出的問題超出對方的知識水準，就會讓對方感到難堪。因此，交談中要處處留心，注意掌握對方流露出的各種訊息，以便提出恰當的問題。

二、遇到敏感性的問題及時轉換

在交談過程中，碰到一些比較困難或者是較爲敏感的問題，如果我們拒絕回答，交談就會中斷，雙方很可能尷尬得不歡而散，除非我們能夠巧妙地將話題岔開，或者提一些與之關聯的其他問題，交談就會順暢地進行下去。

例如，大陸朱鎔基總理在一次新聞發表會上，當新加坡早報記者以核武等問題發問時，他是這樣說的：「你這個問題一句話很難回答，可以先從中美關係談起……」這樣，他很自然地把話題引到了中美關係上面，並就此話題進行發揮。間接轉換話題與直接轉換話題的區別是：間接轉換話題並沒有完全離開對方的問題，而是採取不正面回答的方式。很多影視明星經常採用此方法來回答有關他們的私生活問題。例如，記者可能會問：「你準備什麼時候結婚？」有的明星會這樣回答：「如果我結婚一定到某某地方度蜜月。」這樣的回答並未離開他人的提問，只是把時間變成了地點，既可以避免別人的繼續追問，又表達了友好的態度。

三、選擇恰當的稱呼

人的修養以及對他人的尊重從最初見面的稱呼就開始了。如果我們在一開始交談的時候不能禮貌地稱呼對方，對方也會因爲對你的第一印象很差，而不願意和你交談下去。在交談過程中，如果我們忽略了禮貌的稱呼，也會影響對方的感受而使交談中斷。要做到恰如其分地稱呼並不是件容易的事情。一般可以稱呼其職務，比如某主任、某教授、某總編等；對於沒有職務的人，可以稱呼某先生、某小姐。稱呼年長於我們的中年女性是一個困難的問題。中國人沒有「夫人」這個概念，而我們似乎很難找到適合她們心理感受的稱呼，所以最好是以職業或者職務去稱呼。

四、適時的結束

不管做什麼事情都不能有頭沒尾，交談也是一樣。通常人們都認爲交談的開始特別困難，但是談話一旦開了頭，想結束更難，因爲談話的雙方都礙於情面，誰也不好意思先提結束，一定要等到無法再拖下去的時候，才會有一方先提出來。爲了避免溝通中無謂的浪費時間，也爲了鞏固前面交流的成果，以下總結了一些幫助結束談話的技巧。

．成功的交談應該是意味深長且留有餘地，能夠讓人產生今後繼續與你交談的欲望，所以必須見好就收，適可而止。

A：「我們談了這麼久，還是意猶未盡，不如留待下次再談，你覺得……」

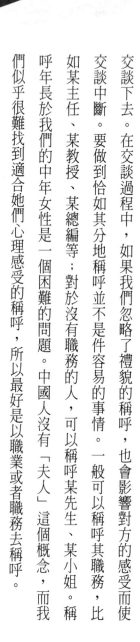

B：「我們談得很投機，好像有說不完的話，看來我們今後要多聯繫了……」

這兩個例句都是在交流情緒的高潮階段說出的結束語，因為一開口便表達了對於談話的留戀之情，所以不但不會讓對方覺得有遺憾，反而會讓對方強烈期待下一次和你的談話。總之，不能等到談話雙方疲憊甚至厭倦的境地才想要結束，那樣不僅難以發展今後的聯繫，而且可能會破壞前面交談的成果。

．在交談接近尾聲的時候，利用現場的一些意外情況來結束談話，比如有其他人來拜訪、電話或者其他通訊工具發出聲音，我們要適時抓住機會，及時結束交談。

A：「抱歉，打擾你了，我們先談到這吧！以後再聯繫。」

B：「您還有事，那我們就改日再談，我先告辭了。」

這兩種結束的方式，無論情況發生在哪一方，我們都不能表現得過於匆忙，免得給人不耐煩的誤會。

．當對方有事情又不便告訴我們，或者是對方已經沒有什麼談話的興致，他也可能會有一些肢體語言的暗示，比如頻繁地看手表、變換坐姿、目光開始遊移等等，這時我們應該明智地及時結束交談。

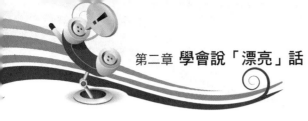

老師對學生說：「你們提出的問題非常有意義，正好我明天要去外地開會，可以就此向其他專家請教一下。」

催促第三人：「服務小姐，請快些上主食，我們還有事呢！」

前者的意思比較含蓄一些，但是明天要外出的資訊也很明顯的提示了學生，老師要出門了，應該給老師留出時間準備一下。

．一開始交談的相互寒暄，是爲了接下來話題的過度；而結束時的感謝不但與對方建立了友誼，也爲這次的交談畫下圓滿的句點，有時甚至可以爲下一次的交談奠定良好的基礎。

A：「與您的談話眞是讓我受益匪淺，下一次我能向您請教其他的問題嗎？」

B：「非常感謝您給予我的幫助，眞是給您添麻煩了。以後我們還要常聯繫。」

在這兩子例，前一例爲下次交談找了很巧妙的「藉口」，而後一例則是由衷的感謝。

總之，一個善於交際的人應該利用結束交談的機會，將人際來往的片斷串聯起來，使之綿綿不斷的延伸下去。

第六節 語言能力的運用

一次完整、成功的溝通，七十五%是靠溝通的技巧，二十五%是靠天分，而達成溝通的第一條件就是語言能力。

1. 發聲的要訣

專家建議，經常朗誦「繞口令」，既能有效的鍛鍊舌肌，又能糾正發音。與人說話的時候，應該注意由簡單到複雜、由短到長、由慢到快的安排；讀的時候也要做到「清楚、準確、快速、連貫」。

2. 適當地分配注意力

在交談時，爲了更明確理解對方的意圖，一定要做到邊聽、邊分析對方的語義，在分析的時候，還要想好下一步的對話策略。同時釐清對方的看法與自己的預先設想相差多遠，並擬好接下來的方案，這些都要在對話中多方面注意，透過適當地分配注意力來完成。

練習一 邊聽邊想

專注地聆聽別人講話是對人的一種尊重，但是我們可以利用和朋友聊天的時候，訓練自己邊聽邊想的能力。這樣，既沒有冷落朋友，又訓練了如何支配自己的注意力。

練習二　多人次交談

在和單一對象交談時，注意力的支配是很簡單容易的，可是人多了怎麼辦？多人同時交談，你的注意力要妥為分佈，當然也要有選擇性的側重要點。

3. 適當的坦誠

談判的根本目的是為雙方尋求共同合作的利益。所以，不管是為了何種目的，該坦誠爭取就不能猶豫，尤其是涉及到原則問題，絕不能含糊、模稜兩可。說話並不一定要用深不可測、高不可攀的語言，恰到好處，點到要害處就會一鳴驚人。

4. 見什麼人說什麼話

在談判桌上，你會遇到形形色色的對手，要學會見什麼人說什麼話。如果對手斯斯文文，談吐優雅，你也應該謙遜，談吐不凡；如果對手開朗爽快，你就應該開門見山，對年長者說話要客氣，多用敬語，對女性要禮遇，對年輕人則要關愛。

5. 及時轉彎

當你遇到無法回答，或是不想答的話題時，儘量拖延時間回答，或者乾脆放棄討論，想盡方法把話題轉到其他方面。

6. 溫和委婉

儘量選擇使用婉轉的、不生硬的語言，避免話語中有傷人的可能。人們溝通時，非常在意對方的表達方式。溫和的態度，能讓對方感受你的誠意，避免了衝突和難堪，對方也更容易接受你的觀點。

第三章 讓你的身體說話

聽別人說話時，除了應聲或重複對方關鍵性的話語之外，還應用微笑、眼神等肢體語言給予積極的回應。聽別人說話時，話題中心要明確，抓住要點，獲取最重要的資訊。要聽清楚話語中隱藏的意思，真正弄懂對方說話的意圖；結合非語言資訊的幫助，有效地瞭解對方的真正目的。不要輕易打斷對方的話，不要匆忙下結論。

第一節　非語言溝通方式之一——手勢的運用

每個懂得人際溝通的人，都具有一種特殊的敏銳，能從最細微的地方觀察對方；他有沒有偷偷看手表，顯示時間已到？他有沒有用手撫摸後腦，表示不耐煩？他會不會坐著的時候不停的抖腿，表示他的不安？他握手時，手上是不是又濕又冷，顯示他的緊張？他說話時敢不敢看著我的眼睛，表現他的誠意和自信？這些都是用肢體語言說話，而在衆多的肢體語言中，靈活的雙手是表達豐富語言的工具之一。

手勢是運用手指、手掌和手臂的動作變化來表達的一種無聲語言，也是一種表現力很強的姿態語言。它的變化形態多樣，不僅能輔助自然有聲語言，有時甚至還可以用手勢代替有聲語言，因此人們將手勢語言稱爲「口語表達的第二種語言」。很多手勢所表達的含義是我們已經約定俗成的：舉手表示贊同，搖手表示反對，招手表示呼喚，擺手表示再見，攤手表示坦誠，搓手表示爲難，拱手表示禮節……

手勢，通常應配合有聲語言一同使用，但有些具有豐富情感含義的手勢也可以單獨使用。我們經常在電視裡看到這樣的鏡頭：兩人相愛，男方激動地握住女方的手，女方不但沒有縮回手，還伸出另一隻手緊緊握住男方的手，表示兩人心心相印，這時，有聲語言反而顯得多餘且無力了。

以握手爲例，握手是由雙方互伸右手彼此相握，握手的時間應保持一～三秒之間，剛觸到就鬆開，是冷淡和疏遠的表示；緊緊握住不放，也會引起對方的反感；與成功者握手，表示祝賀；與失敗者握手，表示理解；與歡送者握手，表示告別；與同盟者握手，表示期待；與對立者握手，表示和解……在握手的同時，還要適當地配合其他勢態語言，如頭部微低，眼睛注視對方，面帶微笑。

第二節　非語言溝通方式之二——肢體語言的運用

肢體語言是利用姿態的變化來傳達訊息，通常有站立、坐下、移動等姿勢動作，這些動作變化都有其特定的含義，對有聲語言發揮強化、補充和修飾的作用。運用肢體語言的注意事項如下：

1. **要注意態度，語氣和表情**。交談時，不要目光散漫，做些小動作，比如玩指甲、衣角等。有些人在交談時喜歡玩弄手裡的筆，並下意識地發出聲響，干擾了對方的思路，顯得漫不經心、不禮貌。

2. **手勢的使用**：掌心向上，五指併攏。不要隨便用手指人。

3. **儘量用目光與對方進行視線交流**。如果多人同時交談，不要侷限了注意力，無論是自己說話還是傾聽別人說話，都應該以目光關照所有人，並且適時徵詢沈默的人，如：「您看如何？」「您說呢？」

肢體語言能直接反映出說話者的情感狀態，因此在說話之前，要先確定好身體的姿勢，這樣即使是在陌生或者很不利的環境下，也能顯得應對自如。

合宜的站姿

站姿是指身體直立著說話的姿態。上身挺直，兩腿叉開，是極端自信的姿勢，通常在比賽前的運動員會用這樣的姿勢給自己增加信心；胯骨放鬆，兩腿稍微分開，身體重心在兩隻腳上不停地交替，會顯得輕鬆自如；胸部挺起，兩腿站直，雙手自然下垂，雙目平視，則表示精神振作；雙手自然地相交於背後，就更顯得精神飽滿；雙手扣在褲頭上，全身肌肉緊繃，顯得拘謹和膽怯；彎腰駝背，兩手無力，甚至腦袋低垂，是精神不振或意志消沉的表現。

合宜的坐姿

有些話在不方便開口直說的情況下，可以採用坐姿來暗示，比如在談判進展順利、氣氛友好時，對方突然提出苛刻的條件，你又不想破壞已經建立起來的友好關係，你不妨採用突然把背向後靠、雙臂環抱的坐姿，暗示對方你的耐心有限，原定的目標是不能改變的。

坐姿的變化還可以活絡說話的氣氛，增強說話的效果，引起聽眾的興趣。比如：坐姿端正，兩手平放膝上，身體稍傾，是尊重的表現；坐在沙發或椅子的前沿，身子前傾，頭微微傾斜，是對說話內容感興趣的表現；坐在沙發或椅子上，身子後仰，甚至轉來轉去，是輕佻、失禮的表現；坐在沙發或椅子上，整個身子側轉於一方，是嫌棄、輕蔑的表現；背朝談話對象的坐姿，是不屑理睬的表現。坐姿的選擇還要根據環境的變化而變化。

合宜的步態

人們走路有的步伐穩健，步幅適中，速度不快不慢，上身挺直，兩眼平視，雙手自然擺動，表現出心理上的輕鬆、平靜；步伐有力，膝蓋微彎，幅度和速度都適中，手的擺動也有強烈的節奏感，眼睛直視前方，表現的是莊重、禮貌；走路輕盈，昂首挺胸直視，主要表現的是愉悅、自信和傲慢；步伐遲緩，表現的是焦急、心事重重；步伐沉重較小且慢，眼睛低垂，表現的是沮喪、痛苦。

第三節 非語言溝通方式之三——靈活表情的運用

人的表情千變萬化，透過面部表情來交流思想感情、傳遞資訊也是非常重要的。有人統計，在七十萬種肢體語言中，表情的表達就有二十五萬種，占肢體語言的三五．七％。

1.微笑

微笑有著豐富的內涵，在人與人的相處中，大家都希望看到笑臉。到商店，希望售貨員的微笑；到新單位工作，希望看到同事的笑臉；跟上司彙報工作時，期待著滿意的微笑；回到家裡時，希望看到親人溫馨的笑臉；工作上出了差錯時，也希望看到理解和諒解的微笑。微笑是溝通感情、緩解矛盾最好的手段，微笑溝通是成功的基礎，也是善意的標誌。

會心的微笑是人們表現心靈美的最好方式，是友好的象徵，是文化、風度和涵養的具體表現。要想說服別人，首先要知道如何打動他的心，情動心自然動，而最能贏得別人好感的肢體語言就是發自內心的微笑。這種微笑是溝通中最好的「心理武器」。不過微笑也要注意環境和場合，比如參加追悼大會時，就不能面帶微笑，還有在召開重要、緊急的會議時，也要表現得嚴肅，不能嬉皮笑臉的。平時用微笑傳遞資訊的時候要自然得體，眞誠流露，不要虛情假意的笑，也不要無笑裝笑。因爲硬「擠」出來的笑只會令人反感，倒胃口。

2. 眼神

眼神是使用眼睛的神態，傳遞無聲訊息的一種手段，這是所有肢體語言中最生動、最複雜、最微妙，也最有表現力的。眼睛就是「心靈的小視窗」，眼睛可以幫助情感的傾訴、心靈的溝通。眼神的千變萬化，也是人們在向外界表露自己的內心世界。

交談時，正視對方，是尊重對方的表現；斜視，則是藐視對方的表現；頻繁的注視，是表示對人的好感和重視；不屑一顧或者很少注視對方，則表示反感和輕視；如果是眨眼睛或者眼神閃爍，也許是羞愧、內疚，也可能是撒謊的表現。

眼神的具體運用，也要配合不同的場合、談話的對象和談話的內容，還要根據環境的變化而變化。眼神不僅僅是人們溝通感情的橋樑，也是破解人們內心世界的最好工具。

世界複雜多樣，人的感情更是複雜難懂，有些感情「只可意會，不可言傳」，無法用有聲的語言表達出來，眼神就是最好的替代工具。人們都說，眼睛會說話，而且說的都是真話，會溝通的人，一定要學會「使眼色」。恰當的運用眼神來傳遞溝通資訊，可以幫助增強有聲語言的表達效果。平時與人的溝通，如果可以恰當地利用眼神傳遞資訊，你眼睛裡的熱情、眞誠，必能打動人心，贏得信賴。

3.目光的接觸

眼神可以洩漏人的內心世界，溫暖的眼神和笑臉一樣能打動別人的心。印象中最深刻的一張照片，是一位張著大眼睛，渴望上學的失學女孩，那照片不知道打動了多少人的心，女孩黑色的眼眸裡充滿了對知識的渴望，也正是這張照片，讓全國人民紛紛解囊相助。

心理學家研究證實，人在說謊的時候瞳孔會自然的放大，小孩子還會伴隨不停的眨眼現象。有些專家還總結出一個規律：在別人回答你問題的時候，仔細觀察他眼球的轉動，就可以看出他是在記憶裡面搜尋答案呢，還是在大腦中構建答案。如果是回憶答案，人的眼球通常會向左運動；如果是在構建答案，人的眼球通常會向右運動。當然，這僅僅是一個大概的規律，並不適用於每一個人。因此在溝通的時候，一定要注意雙方的目光接觸，這樣才能達到溝通的互動性，而不是一方滔滔不絕。

在溝通與交流的過程中，我們應該以溝通的對象和內容來選擇目光的注視部位和時間的長短，避免在公共場合給人輕浮或者是不信任的感覺。

總之，無論是說話的人還是聽話的人，誰都不願意看到目光散漫、無精打采的眼神。禮貌恰當的注視，會讓溝通的雙方都有被尊重的感覺。

第四節 非語言溝通的四大技巧

在人際溝通過程中，大量的非語言資訊也是溝通的重要組成部分。我們每天都在有意或無意之間傳遞著各式各樣的非語言資訊，同時也會在人際交往中本能地發現別人是否友好、誠懇、可以信賴。怎樣才能在溝通中更好地運用、傳遞這些非語言資訊呢？

還記得在二〇〇三年對抗「SARS」的日子裡，很多人都對電視新聞的一個鏡頭印象深刻：一名患者被隔離在一間病房裡，記者不能進入拍攝，只能隔著病房的窗子看他，我們無法聽到他講話，但是透過厚重的玻璃窗，他向外面守候的人做出了表示勝利的「V」手勢。此時無聲勝有聲，它表達了病人的決心與信任，鼓舞著醫護人員英勇的奉獻，激勵其他病友堅強的面對病魔，更呼喚大家衆志成城、共度難關。

人類豐富的身體語言之所以能夠在特殊時期發揮巨大作用，是因爲它本來就伴隨在我們日常生活中，只要是人與人的接觸、溝通、交流，人們都會自覺或不自覺地傳達出大量的非語言訊息，同時也會從別人發出的非語言資訊中找到有利於自己的訊息。要想使溝通達到預期效果，我們必須學習如何有效利用我們的表情、眼神和肢體動作，來發出有效的非語言資訊。

非語言溝通也可以說是身體語言的溝通，其資訊可以是有意或者是無意間發出的，同時，資訊的接受與反映也可以是在有意識或者無意識間完成的。它的範圍包括：身體姿態、動作、手勢、面部表情、空間距離、語音語調，還有說話者的髮型、服裝、嗓音，聽者的關注、微笑抑或厭煩、瞌睡，以及說者、聽者和環境之間的相互作用，例如場景、時間等等。

非語言溝通的四大技巧

1.尋找恰當的表現方式

非語言溝通方式讓他人更如實理解我們的感情、情緒、態度和觀點，每個人的社會角色、性別、年齡都不一樣，在使用非語言溝通時，要注意與自身情況相符合，才能收到良好的效果。

2.在恰當的環境下使用

用非語言溝通時，要考慮當時的情境和環境，如果聚會裡的人都興高采烈，那即使你有不順心的事，也不要掃了大家的興。

3.方式保持一致

使用非語言溝通時，訊息要一致，即，特定的非語言方式表達特定的意思，例如，悶不吭聲表示厭煩、不高興；尖叫表示害怕、驚恐等等。有了一致性，別人才有可能從你的非語言暗示中，理解你的眞實意圖。同時使用多種非語言溝通時，更要保持一致，如在慷慨陳詞時，抬頭挺胸，面部表情也十分自信，若是雙手不停地觸摸搆得著的東西，雙腿不停地顫抖，這就暴露了你的焦慮不安，對方對你的自信肯定會大打折扣。

4.和語言具有一致性

語言與非語言表達的一致性，能夠對語言所傳遞的資訊發揮強化作用。

在日常的溝通與交流中，我們會對別人產生誤解，是因爲我們太專注在對方的話語裡，也就是說，我們很專心地聽，卻沒有用心去看，忽略了對方某些很有用的非語言資訊。眞正的溝通不只是用我們的耳朵就可以，還要有效的利用我們的感官。因爲我們可以隨意改變話語來掩蓋內心眞實的想法，但是無意間流露出的動作和眼神卻很難做到這一點。佛洛伊德提出，要瞭解說話人的深層心裡，單憑語言是不可靠的，人們說的話大部分是經過大腦的理性加工，通常不是說話者內心眞正的意圖，這就是我們常說的「口不對心」。而無意間的動作則比理性更能表現人的「情感和欲望」。

心理學家霍爾認爲，無聲語言所表達的意義要比有聲語言更多，更深刻。一張笑臉可能傳遞給我們快樂、自信、美麗、幸福，或者更多有聲語言所無法描述的資訊內容。尤其是當生命受到了威脅的時刻，人們會不知不覺地表現出帶有英雄情結的非語言訊息；或者是當人們有話想說卻又不知如何開口的時候，非語言資訊就會自然流露出來。只有更有效掌握人類非語言溝通的技巧，並且熟練的應用於生活當中，溝通才會變得更加順暢自然。

第五節　非語言溝通的五大功能

非語言溝通中一個主要功能，就是強化我們的有聲語言。比如，當我們說「不」、「是」、「再見」的時候，會分別做出搖頭、點頭和擺手的動作。在我們講述一些比較抽象的事物時，這樣的重複就可以產生活躍思維的作用，例如，男人在講婆媳關係的時候，常會把自己的媽媽和老婆比喻成手心肉和手背肉，這時他會伸出一隻手掌，前後翻轉，這個手勢可以加深聽者的印象。總之，這種動作的使用可以幫助溝通的雙方更有效理解溝通的內容和語義。

在人際溝通中，非語言資訊能夠很充分地補充有聲語言的訊息。比如，你想表達友好的態度時，親切的聲音、溫暖的目光或者一些能夠表示友好的身體接觸，都可以表達你的意思；當我們批評的時候，如果還面帶笑容，就會給人很不嚴肅的感覺，對方也不會把你的批評當回事。律師會要求他的當事人上法庭的時候，脫去華麗的套裝，改穿樸素的外衣，以此在法庭上強調自己所受的傷害。

日常生活中，我們除了用形象來強調非語言資訊，也會不自覺的用其他的方式輔助，比如提高嗓門使話語顯得更具「威嚴」性，放慢語速，一字一頓地講解以示「重點」，降低語調、環顧左右的神態則強調所說內容的「秘密」性。當人們以非語言資訊去強調有聲語言時，是希望透過這樣的方式來增強所說內容的情感效果。但是這種非語言資訊的運用也要選擇恰當的時機，本來以爲大嗓門更具有威懾力，可是有時候卻會讓人感到你理屈詞窮，因爲一般人都知道「有理不在聲高」的道理。所以我們在運用非語言資訊強調語言時，要注意不能過於誇張。

一個人在聽到自己沒有被公司錄用的消息後，儘管嘴上說「沒有什麼」，但是他咬緊嘴唇、眉頭緊皺，還有失神的目光，都可以表示他說的並不是眞話。也就是說，當非語言資訊與語言資訊發生矛盾時，非語言資訊就會否定語言資訊。例如，儘管別人並未直說，但我們爲什麼能夠聽出別人對自己的諷刺呢？當別人說「你眞是個好人」、「你很能幹」，再配上一些比較奇怪的語音聲調，或者是並非眞誠讚美的態度和表情，那麼這些話語所表達出的意思也就會完全相反。

在日常的溝通與交際中，要學會語言與非語言之間的矛盾，才能幫助我們正確理解別人話語中的眞意，避免一些誤會和錯誤。

非語言資訊還具有調節的功能，它可以幫助調解溝通的方向和氛圍，透過目光接觸、身體位置、音調的調換等行爲來控制語言交流的過程。這種調節功能同時具有主動性和目的性。一般來講，當一個人能夠自覺運用非語言資訊的各種手段，他就能在溝通中占主導地位，他的言行也在無形中鼓勵或者阻礙其他人參與溝通。這種調節可以表現在很多方面：當對方欲言又止時，你可以用目光給予鼓勵；當雙方發生不愉快時，微笑和調侃的語調就能使氣氛有所緩解和放鬆；當一方對談話表現得淡漠或者是抗拒時，另一方利用身體位置上的遠近就可以加重別人的反感或者是重新贏得對方的好感；當談判陷入僵局時，在房間裡多走動一下，將爲下一回合的勝利贏得機會和主動權。

和有聲語言相比，身體語言好像並沒有那麼豐富的表達方式，但就是這種簡單而又有限的表達方式，包含了無比豐富的內涵和意義。也就是因爲這種簡單的肢體語言可以同時包含幾種以上的意思，所以常會造成一些誤會。有人把這種現象稱爲「同構異形」，也就是同一種身體語言具有多種意義表現。舉一個最簡單的例子，幾乎所有人都會用腳底板打拍子，但是我們爲何這樣做呢？答案就變得千奇百怪，有的表示「我行我素」，有的表示「心中得意」，有的就只是簡單的「跟隨音樂」，還有的是「精神緊張」等等。有些動作既可以表達精神意義，又可以表達生理感覺，比如抓頭這個動作，可能是表示「搔癢」、「擦汗」，也可能是「忘記」或者是在「撒謊」。爲了避免誤會，我們必須結合當時的環境、談話的內容等其他客觀因素，來判斷眞正的用意。

非語言訊息還有一種特殊的功能，就是代替語言。主要是以適當的非語言行爲代替語言進行交流。就像運動員在運動場上可以用手勢來傳遞戰術，相互擊掌可以鼓舞士氣，擁抱和拋舉教練是在表達勝利的喜悅；課堂上，教師也常以目光鼓勵膽怯的學生大膽發言，以靜默不語等待喧鬧中的學生安靜下來；在公衆場合，朋友間的一個眼神傳遞也能表現他們的默契。

很多時候，非語言資訊的替代，可以表達比有聲語言更爲強烈的訊息。想說的內容無法用有聲語言表達的時候，比如當一個人處在最痛苦、最沮喪的時候，使用有聲語言來安慰會顯得不協調和多餘，此時你只需要擁住對方的肩膀，或者握住對方的手、輕輕的拍拍對方的肩膀，就足以表現安慰之意了。正像有位作家所說的：「其實一個暗示、一個眼神，就可以將一段長篇大論的主題傳遞出去了。」這就充分證明了非語言溝通的重要性。

有些時候，你必須在有限的時間裡充分使用非語言資訊，以求得對方在最短的時間裡對你留下最深刻的印象，比如應聘面試，在短短的幾分鐘時間裡，如果僅僅依靠語言，可能無法充分展示你的才華和個人風采，但是你的著裝、姿態、表情、動作、語調和語速等等，這些非語言資訊在這時就發揮了很好的說明，它們會從不同方面展示你的素養和能力。

身體語言也和其他語言一樣，有單詞、句子和標點。一個動作就像一個獨立的詞語，在不同的句子中可以表示不同的意思。只有把單詞都放在一個具體的句子裡，才能理解它所表達的眞正意思。當我們將無聲語言與有聲語言進行比較時，就會發現說話者的眞實意圖，關鍵就在於兩者之間的關係是否協調。比如，一個人玩弄手指上的結婚戒指，這個動作本身的意義並不是很清晰，但如果當時的環境是她正在向心理醫生講述她的婚姻生活很美滿，這種重複的動作就和有聲的語言發生矛盾，她的身體語言所提示的不是對家庭生活的滿意，而是對婚姻危機的擔憂。

人們的身體動作通常是一串或一組的形式，我們要綜合所觀察的資訊，從一系列的身體語言中找到適當的解釋。比方說，如果雙臂交叉時，雙手同時撫摸上臂，還有哆嗦等的動作，這就一定是對寒冷的反應；但如果在雙臂交叉的同時還有歪扭著臉、搖頭、轉身等動作，這時的反應，應該是不同意對方的意見。同樣的動作在不同的情境裡可能有不同的含義，就算是一個雙臂交叉、下巴低垂的簡單動作，如果是在冬天的車站裡，那麼這個人很可能是感到寒冷；但如果是在商場裡面對推銷員的解說，則可以認定他正處在防禦的狀態中。

總之，身體語言的解讀沒有千篇一律的答案，我們不能單獨理解非語言資訊，應該綜合各方面因素去考慮，只有顧及到多方面的因素，結合整個溝通的過程去思考，才能正確把握他人的非語言訊息。

第六節 第一印象的重要性，及影響第一印象的要素

所謂第一印象，就是你與對方初次見面時給對方的感覺，特別是在第一次約會時。有位大師曾說過這樣的名言：「一個人永遠不會有第二次機會給人以第一印象。」也就是說，通常第一印象就能決定一切。

那究竟什麼是第一印象，又是什麼在影響第一印象？第一印象在非語言溝通中又發揮著怎樣的作用？

對某人或某物的認知形象會保留在人體大腦中。個體首次接觸新的社會情境時，總是按照個體以往經驗，將情境中的人或物進行分類，釐清它對自己的意義，以便在行爲上獲得明確定向，這一過程稱爲印象形成。

心理學上說，第一印象在以後的人際關係中所發揮的作用要遠遠大於其他資訊，通常也決定了以後的總體印象。現實生活中，人們也常常根據第一印象來決定今後的交往程度和過程。

從人際溝通的角度看，第一印象又顯得更爲重要，我們可以透過很多例子來證

明。從一見鍾情的甜蜜到以貌取人的錯失良機，良好的第一印象正逐漸變成人際溝通的起點和關鍵。所以在人際交往之初，一定要先計畫好怎樣給人留下良好的第一印象，為以後的雙方關係打下堅實的基礎。

完整的資訊溝通過程包括資訊的發送、接收和反映三個環節。第一印象就屬於資訊的發送環節。在整個發送環節中，我們的表情和眼神是使對方對你留下良好印象、產生信任感和合作態度非常重要的因素。這個資訊被瞬間記憶的過程時間一般不會超過七秒鐘。根據科學家推算，只要人們能在最初的〇．三秒給對象留下深刻印象的刺激，就一定會吸引到對方的注意力，從而掌握溝通的主動方向。

有這麼一個有趣的實驗：一個心理學家讓兩名學生A和B回答同樣的三十道問題，並且只讓他們做對十五道題。學生A的正確率大部分出現在前十五題裡，學生B的正確率大部分出現在後十五題裡，然後把結果拿出來讓大家評價一下，哪一位較聰明一些？大多數的人認為學生A較聰明一些。這就是第一印象產生的結果。

對於第一印象的形成，人們的情緒判斷會快過理智判斷，換句話說，人們在面對刺激的時候，首先反映的是情緒而不是理智。對於從未見過面的人，彼此之間的第一印象其實就是一張白紙，而第一印象就是在這白紙上寫的第一筆。通常這一筆在人的記憶中是最容易被保留，也是別人最容易記住的，這是人類記憶的一個重要規律。

第一印象究竟有多重要，看了孔子的例子，大家自然會得到答案。

在孔子的衆多弟子中，有兩位學生，一位叫做宰予，一位叫做子羽。孔子第一次遇到宰予時，他的能言善道、伶牙俐齒給孔子留下了很好的第一印象，也博得了孔子的好感，但是日後孔子發現他既無仁更無德，又十分的懶惰，白天不好好的讀書，只會躺在床上睡大覺。爲此，孔子形容他是「朽木不可雕也」。

而子羽初次拜見孔子時，孔子對他的第一印象很不好，認爲面貌如此醜陋的人怎麼可能會有什麼才氣呢？肯定資質低下、無法成才。因此對子羽的態度十分冷淡，也不願意盡心盡力的教他。子羽只好退學回家自己苦讀，最後終於成才，不但擁有很高的聲譽，還有好多弟子追隨，他的名字也被人廣爲傳頌。孔子知道後深感後悔的說：「吾以言取人，失之宰予；以貌取人，失之子羽。」

由此可見，早在孔子的時代，第一印象已經發揮很重要的作用了。如果第一印象好，那當然是一好百好；如果第一印象差，那就是雪上加霜了。

第一印象常常在不經意間就給人貼上標籤，而忽略了後來的觀察和感知的結果。比如，你初次見一個人，他並沒有給你留下良好的第一印象，那麼下次你再見到他時，心中不免有定見。

就像一位老師如果第一節課上得非常成功，就算她以後講得不是很好，學生也會為她找一些藉口，「昨天一定沒有休息好」、「下次就好了」等等；如果一位老師的第一節課因為緊張而表現不佳，那她以後就算講得再好，學生也會說「一定是瞎貓碰上死耗子」。

一位心理學家設計了兩段文字，描寫一個男孩一天的活動情況。第一段將這名男孩描寫成一個活潑好動的人，與朋友一起上學，見到熟人就熱烈地聊天，勇敢地與剛認識的女孩子打招呼等等；而另一段則將他描寫成一個內向的人。他讓一些人先閱讀外向的那一段，再閱讀內向的那一段；讓另外一些人先閱讀內向的那一段，再閱讀外向的那一段；然後請大家來評價一下這個男孩子的性格特徵。結果顯示，第一部分人當中，有三分之二以上認為這是一個性格外向的男孩，而在第二部分人當中，卻只有不到三分之一的人認為他是外向的。這個例子證明了，人們都是在不知不覺中接受了最先到來的資訊，而且這部分資訊是很難去改變的，因為人們會在以後尋找更多的理由來支持自己的觀點。

儘管人們都知道第一印象的形成偏重外在的條件，而忽略了內涵，更缺少理性上的判斷，但我們還是擺脫不掉第一印象對我們造成的影響，因爲這是人類認知的一個規律，人類的認知都是從感性到理性的過程，這個順序是不可能顛倒的。

總之，第一印象在我們的生活中，發揮著很重要的作用，左右著人們的感覺。因此，我們在溝通與交流時一定要注意第一印象的重要性。

影響第一印象的因素

人類的第一印象會被很多因素所左右，外貌或者衣著會立刻引起感官的注意。通常人們第一次見面的時候，首先注意的就是對方的表情，而微笑的表情是最能贏得好感的。沒有人願意看到愁眉苦臉的樣子，而沒有表情的臉又會讓人覺得很恐怖或者是很冷酷，所以微笑的表情對於第一印象是很有影響力的。在人際溝通與交流的過程中，尤以笑臉最受人歡迎。職場中的溝通高手都是憑藉一張笑臉來擴大影響力，確保自己的主動地位。

蒙娜麗莎的微笑一直爲人們所津津樂道，而無論微軟在面臨多麼困難的時刻，比爾·蓋茲都是帶著一張笑臉面對世人，這是自信的表現，同時也會給對手造成無形的壓力。俗話說得好，伸手不打笑臉人，有誰會討厭一張笑臉呢！

我們常誇漂亮的女孩有一雙會說話的大眼睛，確實，眼睛是人類向外界傳遞資訊的一個視窗，它可以在瞬間就發送千千萬萬的訊息，表達豐富的感情，當然也會洩漏心底的秘密。目光的接觸可以讓你觀察到對方的心理變化。

心理學家研究人在談話時候視線的移動方向。結果顯示，素未謀面的人在初次見面時首先移開視線，這樣的人性格是比較主動的。相反，如果因爲對方首先移開視線而耿耿於懷的人，就很可能愛猜疑，在談話中完全被對方所控制。一個人能否在談話中取得主動地位，通常就決定於談話最初的三十秒。通常性格內向的人會比較在意別人的目光，不過如果一位女性一直注視著你，可能意味著她心裡隱藏了什麼事情，她的話也可能會言不由衷。

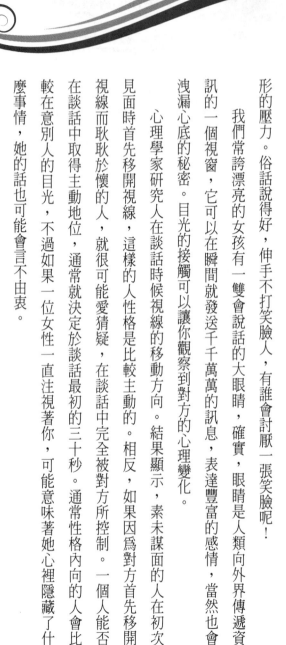

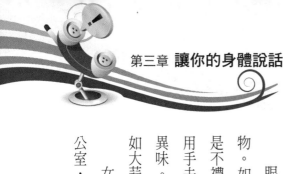

第七節 爲第一印象加分的禮儀

1. 儀容儀表

在初次見面時，給人留下深刻印象的通常就是儀容儀表。很多女生都會記得與男朋友第一次見面時對方的衣服、鞋子，甚至是一些小配件。

人們爲什麼每天都要洗臉，因爲臉是最引人注目的地方。

眼睛的形狀無論大小，一定要注意周圍的清潔，尤其是眼角，不能留有分泌物。如果配戴眼鏡，則要注意鏡片的清潔和眼鏡是否有破損。佩戴墨鏡與人見面，是不禮貌的表現。鼻子的清潔就更爲重要了，一定要注意不殘留分泌物，儘量不要用手去挖，如果鼻毛長得比較長，也要及時的修剪。注意勤刷牙漱口，讓口腔沒有異味。飯後嘴角不要有殘留物，並及時擦拭。最好不要吃帶有刺激味道的食物，比如大蒜、榴槤，或者臭豆腐之類，如果吃了，一定要充分去除嘴裡的異味。

女性外出一般都喜歡化妝，但是妝容的濃淡程度要配合場合的需要，如果是辦公室，應該著淡妝，如果參加舞會或者是社交場合，則可以稍微隆重一些，注意不能過於誇張。男性則一定要把鬍鬚刮乾淨，避免給人邋遢的感覺。

2. 髮型

臉上的細節檢查完了，接下來就是髮型和著裝了。與人初次見面的時候，不管你的髮型如何修飾，都要把握住四個方面。

首先是乾淨，這是禮儀中的最基本要求，頭皮比較乾爽的可以二至三天洗一次，但最好是保持每天洗頭的好習慣。特別是和人第一次見面時，一定要保持頭髮的乾淨整齊，不能頭皮屑滿天飛。

其次是長短要適中，一般的職業女性頭髮長度不超過肩膀，如果是過肩的長髮可以盤起來、挽起來或者是梳起來，不應該隨意的披頭散髮。而男性的頭髮長度一般不應該超過十公分，或者是長度在耳根上下，不觸及到襯衫的領口。

再者，髮型的選擇要適合個人的條件，比如你覺得郭富城的髮型很帥，可是那並不一定適合你。一個人的髮型要配合他的氣質、臉型、身高、年齡等各方面的因素，比如公務員應該莊重一些，不宜像個學生一樣去剪很前衛的髮型。

最後是顏色，頭髮最好保持自然的顏色，如果一定要使用染髮劑，也最好不要和自然顏色偏差太大，比如，東方人覺得洋人的金黃頭髮很好看，也去染一個金黃色，並不見得好看，或者是學生把頭髮染成綠色、紅色，給人的感覺很輕浮。如果你自己還不知道究竟什麼顏色才適合自己，不妨去聽聽專業美髮師的意見。

3. 著裝

現代都市的年輕人都比較喜歡簡單、隨意、休閒的著裝風格。俗說得好，「人靠衣裝馬靠鞍」。衣服是人的第二層皮膚，穿著上要注意到時間、場合和目的三者的合宜性。夏天就不要穿羽絨服，睡衣也只能在家裡穿，運動時要穿運動鞋等等。掌握了著裝的技巧，就可以透過這第二層皮膚，充分展示你的個人修養和風采特點。

男士在比較正式的場合應該穿西裝、打領帶，但是大家常常忽略的一個環節就是襪子和皮鞋的搭配。在許多西方國家，深色的西裝最好是搭配黑色的皮鞋和相近顏色的襪子。有些人爲了增強效果，喜歡用白色的襪子來搭配，被稱爲是「驢蹄子」，因爲這個對比實在是太大、太醒目了。

而女士的穿著花樣就比較繁多，要留意穿裙子的時候如果搭配絲襪，則裙子的下襬要遮住絲襪上端的襪口。

第八節　語音、聲調以及表情的運用

你能相信僅僅幾句話就決定了生死命運嗎？一九九〇年一月二十五日恰恰發生了這樣一件事。

這一天，由於阿維安卡拉航班駕駛與紐約甘迺迪機場航管人員之間的溝通障礙，導致了一場空難事故，機上七十三名人員全部遇難。當晚七時四十分，阿維安卡拉五二航班飛行在南新澤西海岸上空三七〇〇〇英尺的高空。機上的油量可以維持近兩個小時的航程。在正常情況下，飛機降落至紐約甘迺迪機場僅需不到半個小時的時間，這一緩衝保護措施可以說是十分安全的。然而，此後發生了一連串耽擱。

首先，八時整，甘迺迪機場航管人員通知五二航班，由於嚴重的壅塞，他們必須在機場上空盤旋待命。八時四十五分，航班的副駕駛向甘迺迪機場報告了他們「燃料快用完了」。航管人員收到了這一資訊，但在九時二十四分之前，沒有批准飛機降落。在此之間，阿維安卡拉機組成員再也沒有向甘迺迪機場傳遞任何情況十分危急的資訊，但飛機座艙中的機組成員卻相互緊張的通知他們的燃料供給出現了危機。九時二十四分，航班第一次迫降失敗。由於飛機高度太低以及能見度太差，因而無法保證安全著陸。當甘迺迪機場指示五二航班進行第二次迫降時，機組成員再次提到他們的燃料將要用盡，但駕駛員卻告訴航管人員新分配的飛行跑道「可行」。九時三十二分，飛機的兩個引擎失靈，一分鐘後，另外兩個也停止了工作，耗盡燃料的飛機於九時三十四分墜毀於長島。

當調查員調閱了飛機座艙中的記錄，並與當時的航管人員交談後，他們發現導致這場悲劇的原因，竟是因爲溝通的不明確。

爲什麼一個簡單的資訊既未被清楚地傳遞，又未被充分地接受呢？首先，駕駛員一直說他們的「燃料不足」，航管人員告訴調查者這是駕駛員經常使用的一句話。當時間延誤時，航管人員認爲每架飛機都存在燃料問題，此時如果駕駛員發出「燃料危機」的呼聲，航管人員有義務優先爲其導航，並盡可能迅速地允許其著陸。一位航管人員指出，如果駕駛員「表明情況十分危急，那麼所有的規則程序都可以不顧，我們會盡可能以最快的速度引導其降落。」

遺憾的是，五二航班的駕駛員從未說過「情況緊急」，所以甘迺迪機場的航管人員一直未能理解到駕駛員所面對的眞正困境。其次，五二航班駕駛員的語調也並未向航管人員傳遞燃料緊急的嚴重性。許多航管人員接受過專門訓練，可以在這種情況下捕捉到駕駛員聲音中極其細微的語調變化。儘管五二航班的機組成員相互之間對燃料問題緊張不已，但他們向甘迺迪機場傳達資訊的語調卻冷靜而職業化。最後，駕駛員的文化和傳統，以及機場的職權也使五二航班的駕駛員不願意聲明情況緊急。因爲正式報告緊急情況之後，駕駛員需要寫出大量的書面報告。另外，如果發現駕駛員在電腦飛行過程中對油量疏忽大意，聯邦駕駛管理局就會吊銷其駕駛執照。這些消極因素阻礙了駕駛員發出緊急呼救。在這種情況下，駕駛員的專業技能和榮譽感可能變成賭注。

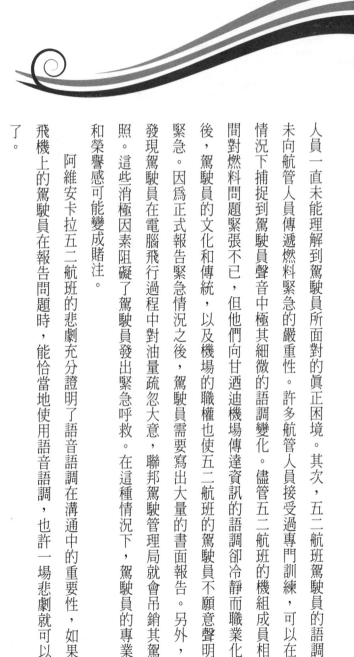

阿維安卡拉五二航班的悲劇充分證明了語音語調在溝通中的重要性，如果當時飛機上的駕駛員在報告問題時，能恰當地使用語音語調，也許一場悲劇就可以避免了。

事實上，在我們與人進行溝通的時候，都會不知不覺地對對方的語音語調變換發生反應。一個會溝通的人，不僅能夠靈敏的聽出對方聲調的變化，和其所想表達的眞實意圖，還能有效地利用資訊。那麼，究竟聲調在溝通中又有如何重要的作用呢？

聲調可以幫助我們辨別語言的眞實性。人在激動的時候，說話聲特別高，心跳加快，神經緊綳，甚至面紅耳赤，無法調節心跳和呼吸，小孩子也不例外。如果你向主管彙報工作的時候，主管說：「你這個想法不錯。」但是你從他的聲調中聽出諷刺的意味，你必定會懷疑對方是否眞的贊同你的意見。在實際的交流過程中，聲調和語言的搭配通常可以表達說話人的眞實意圖，因此我們一定要注意別人說話的聲調與眞實感受和想法的一致性，如果發現有矛盾之處，就要及時地找出原因，才能保證溝通的順暢。

聲調還可以幫助強化表情。語言本身其實是沒有任何色彩可言的，但是如果配合豐富的語音語調來說，就會讓人感受到你想表達的感情。人們在溝通時，往往會對聲調產生強烈感知。生活中，人們應該都感受過聲音的震撼。有一名喜劇演員到國外參加演出，他即興朗誦了一段文章，他的聲情並茂感染了在場的每一位觀衆，演出結束後，大家才知道原來他的那段即興發揮讀的不過是一張菜單。從這個例子我們可以看出，聲音對感情的強烈衝擊力是其他身體語言所無法替代的。聲調是一個人情緒的表現，我們可以從別人的聲調來判斷他是善意還是惡意，只有充分掌握了對方的態度和情緒，才能及時有效的調整我們溝通的策略和方向。

聲調的運用有時候也會影響人們的判斷力。實驗證明，對同一個人的講話做技術的處理後，分三次播放給不同的人聽，就會得出不同的結論。由此可見，生活中，聲調的運用也對印象的產生和形成發揮了很大的作用。聲調是語言的一種輔助工具，在某種程度上和表情、目光一樣，對溝通與交流有著決定性的作用。

在人類的非語言資訊中，面部表情是其中很重要的一部分。溝通專家羅伯特曾經說過：「如果我必須在關注身體和關注面部表情之間做出選擇的話，那我會選擇面部。」心理學家也研究證明，面部對於情感刺激所產生的反應最明顯。人類幾乎會把所有的感情反應都表現在臉上，比如驚訝、恐懼、厭惡等等。而在面部，最具有感染力的表情就是微笑和目光的接觸。

第九節 善用微笑的力量

相信這個世界上沒有不懂得微笑的人，微笑的穿透力，就算是在人們看不到它的地方，依然能感受到它的存在。它使兩個原本陌生的人變得熟悉，也拉近了人與人之間的距離。我曾聽過一名高中女生在演講中說到關於「微笑」的理論，她的這篇理論不僅僅感染了我，也贏得當時在場的幾百名國際青少年的熱烈掌聲。之後她又講述了一個她自己的眞實經歷：一日，她在麥當勞裡用餐，對面坐了一對外國夫婦，一開始大家相對無言，不免有些尷尬，直到她首先向對方露出了笑臉，並且問了一句「您好」，對方也立刻微笑回應。這時，雙方的陌生感已漸漸消除，她也因此領悟到，東方的小孩應該克服性格中的含蓄和內向，多與外界進行接觸，也讓外國人有更多的機會瞭解你。

誰不願意看到笑臉呢？因爲在你向別人微笑的時候，不管你接下來想說的是什麼，至少你已經先向對方表明了你的友好，同時也是在告訴對方：我喜歡你，見到你讓我很高興。

在一家醫院的候診大廳裡，悶熱的空氣讓等候的人感到煩躁不安，而一位女士懷裡的嬰兒，卻用她天眞無邪的笑臉打動了身邊躁動的年輕人，微笑著和那位女士聊天。接著，幾乎所有在候診大廳裡的陌生人都開始攀談起來，氣氛一下子就緩和了許多，這就是微笑的輻射作用，恰當地使用微笑就能感染你身邊的人。

人們都喜歡看到笑臉，那是因爲它包含了豐富的內容。

1.**微笑表現了基本的禮貌**。一個懂禮貌的人，會知道要將微笑常常掛在臉上。即使是在面對陌生人的時候，她的微笑也會像溫暖的春風一樣，慷慨地吹進他人的內心，讓人感受到親切和歡愉。

2.**微笑暗示了和睦**。與他人友好相處最明顯的標誌，就是一張笑臉，它會讓你覺得世界是那麼的美好，人人都那麼的可愛。

3.**微笑代表了一種自信**。如果一個人在遇到困難時還不忘記提醒自己保持微笑，那麼微笑就會轉化成自信的力量，幫助你驅散滿天的烏雲，讓沮喪和苦惱的情緒都離你遠去，讓你的自信感染每一個人，也振作自己的精神，勇敢地面對挑戰。

4.**微笑是心理健康的最佳表現**。一個心理健康者的微笑是由心發出的，他會把一切的美好、歡樂和善良都融合在他的微笑中。真誠的微笑可以讓他人如沐春風，同時也能分擔他人的痛苦和煩惱。常常真誠對別人微笑的人，也會熱情、坦誠並無私的幫助需要幫助的人。

5.**微笑代表了一種高貴的人格和品格**。常把微笑掛在臉上的人通常都是比較快樂且具有安全感的人。他們會把自己的快樂傳遞給身邊的每一個人，成爲朋友快樂的泉源。這樣的人也會在溝通中順利地解決問題和困難。

總之，微笑就是溝通中最強而有力的「心理武器」。它能幫助人們溝通心靈和感情，讓人們獲得精神上的滿足。微笑可以傳遞的積極資訊還有很多，嘗試著每天用微笑去面對人生，這並不是一件很困難的事情！

第四章

批評與讚揚的藝術

讚揚之所以被稱為是一種藝術，因為它需要我們具備藝術家一樣敏銳的觀察力，能在平凡中找到不平凡，再用感性、生動的言語傳遞給他人。

第一節　批評也是一種藝術

世上沒有誰是完美的，凡人都有犯錯的時候，在別人犯錯的時候如何巧妙、恰當地告知對方呢？這時，你就需要透過溝通與交流來達到雙贏的結果。「批評」是告知對方錯誤的手段之一，從某方面來說，正是因爲有了批評這種交流方式，社會才得以進步發展。

日常生活中，不管我們扮演的是哪一種角色，在適當的時候給別人提意見和批評都是無可避免的，更是我們每日頻繁溝通的一個重要部分。可是對於被批評者來說，你的批評就像是苦口的良藥，儘管知道它的療效，一時之間卻難以下嚥，而你的忠言對方也不見得就能接受。西方醫學發展史上，有一次重大變革，就是把難以入口的藥片外面裹上一層甜甜的「外衣」，這樣，人們在服用的時候就不會覺得那麼苦澀了。語言的包裝也是同樣的道理，把批評當作是一種藝術，在難以下嚥的詞語裹上甜甜的「外衣」，會使溝通得到非同凡響的效果，障礙也會迎刃而解。

在批評他人的時候，要注意三大原則：

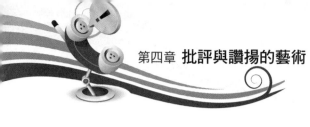

1. 選擇適當的時機和適當的場合，並充分考慮到對方的感受

要明瞭對方是否在心理等各方面都已經做好接受你的批評的準備。記得大學的時候，有一次教授在翻譯古文的時候出了小小的差錯，這時，一位同學立刻大膽地指出教授的錯誤。當時因爲有衆多學生在場，教授當然要和那位同學爭辯，爲自己博回一些面子。就這樣，雙方的爭辯最後竟然演變成一場唇槍舌戰，結果當然是兩敗俱傷。

由這個例子不難發現，那位指出別人錯誤的同學固然是有道理，但是他選錯了場合，當著衆多學生的面前不給人台階下，肯定會引發不可收拾的後果。其實他可以等到下課以後，再悄悄地向教授點明，給足了教授面子，又不會傷了大家的和氣。試想一下，現實生活中，如果我們被人當衆批評，自己心裡會做何感想呢？將心比心，既然我們也不願意當衆接受批評，那麼在批評別人的時候就要選擇一個適當的場合。

2. 批評也要講究及時性

由於東方人個性含蓄，會把批評的時機一延再延，有時甚至是別人都已經淡忘了的事情，你再去提醒他要注意什麼事情等等之類，對方不僅不會接受你的好意，還會給人留下了雞肚鳥腸、喜歡翻舊帳的壞印象。因此，爲了防止錯誤一再蔓延，在批評別人的時候一定要注意及時性，選擇恰當的時機與對方進行溝通。

時機的選擇通常是在對方已經做好心理準備的情況下，比如，你的同事最近與其他同事相處得不太融洽，希望你能幫助他提些意見。因爲他在找你之前，已經做好了心理建設，所以對於你的批評，在心理上就不是那麼難以接受。很多時候並不適宜對別人進行批評，尤其是雙方的情緒都不是很冷靜的情況下。

舉個例子，有兩個同事剛剛吵過架，這時你本來應該打圓場的，可是你偏偏選在對方正生氣的時候，指責他們「其實是你不對」、「你的脾氣實在太急躁了」，不但達不到批評規勸作用，還有可能把同事的怒火引到自己身上，這樣的溝通就得不償失了。在一些特定的情況下也不適宜對他人提出批評，比如，他人休息的時間、在對方很投入的做某件事情的時候，這時的批評只會掃了他人的興致，而不會發揮任何正面作用。

我們爲什麼要批評他人和接受他人的批評呢？相信很多人都碰到過這樣的情況，大家對於自己的缺點瞭解得很清楚，可是眞的闖了禍的時候又礙於面子不願意去承認，身邊的人有的是因為見怪不怪，有的則是抱著看好戲的心理而不理不睬，導致了錯誤一再擴大，直到無法收拾的境地。如果當初早點有人提醒、批評並幫忙修正錯誤，結果可能就不會那麼糟了。所以說，批評是我們所擔負的社會職責之一。

3. 慎選批評方式

人們普遍喜歡批評別人更甚於接受別人的批評，這是因為人的內心深處都存在著反抗批評的心理。

小孩子犯了錯誤之後總會想要去毀滅證據，因為他們害怕面對大人的指責。而成年人在出錯之後會及時想辦法彌補。如果避免不了被批評的命運時，小孩子通常會採取哭泣的方式博取同情，成人也免不了如此。而即使是受到別人的批評，也總是會找一些藉口來為自己開脫，像是「我真的沒有那個意思，是你誤會了」、「事情並不像你想的那樣」。這是人類共有的狡辯心理，他們寧可相信自己本身並沒有錯，只是別人誤會了。

人們不但喜歡為自己找各式各樣的藉口，還喜歡推卸責任。很多被批評的人在看待錯誤的時候，都會下意識地認爲錯誤的根源不在於自己，「一切都是別人害的」。就像現在一些政府部門的腐敗分子，他們總會說：「我並沒有逼他們給我什麼啊！那些錢都是人家自願送給我的。」這就是人性的弱點。而我要強調的是，正因爲批評不易被人接納，所以更需要用心去尋找對方易於接受的批評方式。

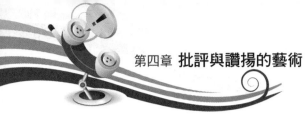

第二節 五種有效的批評方式

心理學家研究證明，人們在被批評的時候都會有一種心理障礙，不管是當衆還是私下，一旦被批評，都會感到很沒面子。爲了不傷害大家的和氣，批評者就一定要選擇好的批評方式，以此來達到雙贏溝通的效果。

1. 含蓄法

榮譽感存在每個人的心裡，人們總是十分珍惜榮譽感。因此，如果我們可以透過間接的方式讓被批評者及時發現錯誤，改正錯誤，就能在無形中保護對方良好的名譽。當我們在給予別人批評的時候，先給予其榮譽的肯定，便能喚起人性的積極面，從而幫助克服、改正錯誤。

舉個例子來說。我有一位鄰居的保母在一次整理家務的時候打碎了一個價值不菲的花瓶。我的這位鄰居不但沒有責備她，反而安慰她，問她有沒有受傷，並把她當成朋友一樣地說：「鄰居們都說妳工作勤快，就是有點粗心，但是我不那麼認爲。我看妳一來就把我家打理得井井有條，讓我很高興，這說明妳是個細心的人。」這種含蓄又帶誇獎的說法讓保母覺得非常地溫暖、窩心，從此工作更賣力了。

還有一些人會採取「趕鴨子上架」的方法，比如，老師爲了鼓勵後段的同學，會刻意給他們安排一些可以督促學習的工作去做，這樣不但可以讓他們提升自己，更讓他們有了一種使命感，自然就會做好自己的本份。不管使用語言的形式還是非語言的形式，這種含蓄的批評方法都是在給予對方被肯定的訊息。而這樣的方法用在克服性格上的弱點與不足時，會收到很好的成效。

2. 鼓勵法

許多人並不清楚自己的弱點或者缺點在哪裡，即使你再怎麼暗示他都是徒勞無功。這時候我們還是要採取積極的態度，透過鼓勵，達到批評的效果。

舉個例子來說，學校一年一度的運動會又要開始了，而拔河比賽是每年團體項目中的重頭戲，我們班級連續幾年來都是首輪就遭到淘汰。今年，爲了在畢業前締造輝煌，特別延聘有經驗的教練來給同學進行集訓。拔河一定要大家齊心協力，才有獲勝的希望。可是由於大家平時懶惰，很少鍛鍊體能，所以根本沒有辦法達到讓人滿意的效果，這時，教練並沒有增強訓練的強度，也沒有大聲的訓斥，而是耐心鼓勵大家不要太在意比賽的結果，只要齊心努力，互相關照。

放下了心理壓力，隊員們全力應戰，比賽結束，我們終於如願以償地站在最高領獎臺上。

這個例子說明，我們可能並沒有自己想像中的那麼能幹、完美，所以犯錯是在所難免，身爲一個批評者，如果不顧及被批評者的感受，那很可能會摧毀一個人向上的動力。若能採用迂迴的方式，不但可以激發他人的潛在能力，更會收到意想不到的溝通效果。

3. 認同法

這種方法主要是指批評的一方主動尋找另一方的共同點，從而使雙方找到共鳴，使溝通得以順暢地進行，這也是人們在溝通中常常使用的一種技巧。具體做法就是在批評對方之前，首先談談自己類似的錯誤或者毛病，以使對方感受到你的態度是認同的，在這樣的基礎上進行批評，就不會給人居高臨下、站著說話不腰疼的感覺了。當別人批評自己的時候，如果他先說了自己也曾經犯過類似的錯誤，我們在心理上可能會形成這樣的感覺：「噢！原來不只有我是這樣啊！」有了這一層理解，在聽到別人的批評時，心裡也就不會那麼的難過了。就像一個剛剛到新公司上班的小秘書，在給老闆安排行程的時候出了紕漏，老闆不但沒有疾言厲色，反而告訴她說，當年在他自己像她那麼大的時候，也在爲別人打工，而且所犯的錯誤比起她今天的疏失眞是有過之而無不及，如果當時能更聰明一點，今天的成就會更大一些。這種謙虛可能並不僅僅是嘴上說說，很多時候都是發自內心的感慨。

再看一例，生活在都市中的我們常常會碰到鄰里關係的溝通。還記得小時候，我喜歡在家裡跑跑跳跳，後來鄰居上來抗議，我才收斂了很多。等到我長大上了高中，課業緊張又忙碌，樓上的鄰居生了小孩，孩子也在家裡蹦蹦跳跳，吵得我無法休息，媽媽就上樓去抗議。但是她並沒有開門見山的批評，而是和樓上的鄰居話起了家常，說起我們家從前也有過這樣的經歷，結果第二天，樓上就變得悄無聲息。其實生活在都市「水泥森林」的人們，日常溝通尤其重要。只要選擇恰當的說話方式，溝通就變得簡單多了。

4. 教育批評法

這種方法帶有一種引申的意義，它不僅僅告訴對方什麼地方出了錯，同時幫助他人分析錯誤的根源、危害以及如何去改正、克服等等。但是使用這種方法的時候要把道理講清楚，如果能曉之以理，動之以情，對方就會很容易接受我們的批評，而批評的效果也會明顯而且持久。

一位中學生因爲和父親的關係不好導致學習成績退步，而成績越是不好，父親就越是嚴厲，形成惡性循環。老師仔細的瞭解了情況，對這位學生的父親提出了批評：「父子是至親的血緣關係，不能僅僅對孩子表現出威嚴的一面，還應該和孩子保持一種亦師亦友的關係。孩子一天天地長大，就越來越需要家長和老師的尊重，這樣他也才會更尊重你；如果你只是強調父親的威嚴，卻忽視了培養孩子的自主能力，那他將來就無法在激烈的社會競爭中生存。」

這位父親接受了老師的建議，和兒子的關係果然改善了很多，兒子的學習成績也有了進步。

當然，在使用這種教育式的批評方法時，本身一定要擁有豐富的人生閱歷和經驗，思考問題也要有深度和廣度，能有效的結合教育的意義和道理。可見，溝通不能僅僅依靠技巧，有了溝通的技巧，還要配合豐富的知識。

5. 暗示法

暗示法就是一種間接指出他人錯誤的方法。很多時候我們不需要明白指出別人錯在那裡，只要透過暗示的方法讓他人意識到自己的錯誤並加以改正即可。批評者應該有效的利用他人的自我認識能力，一旦自我的認識能力被激發，被批評者就不會只因爲外界的壓力才去改正錯誤，而會自動自發地改正。這種暗示方法既能啓發被批評者的自覺性，又保全了被批評者的面子。

比如，一家公司剛剛招聘了新員工，幾個職員因爲不知道公司的規定，休息的時候就在辦公室裡吸菸。經理並沒有直接嚴厲的斥責這幾位員工，而是說：「小夥子，如果你們能到走廊的吸菸區去吸菸，我會非常感激的。」

如果這位經理劈頭就說：「你們難道不認識字嗎？沒有看到門上貼著『禁止吸煙』嗎？」那員工勢必會大爲反彈。經理的點到爲止，爲員工保留了尊嚴，也讓他們及時糾正自己的錯誤。

第三節 讚揚的魔力

一家公司連續加班，卻沒有給工人任何的加班費用，使得工友們非常不平，工友老孫決定去找總經理理論。

「我們雖然是工友，但也是人，怎麼能動不動就加班，連個加班費都沒有？年終獎金也沒有多少錢。」老孫出發之前，義憤塡膺地對同事說，「要好好教訓那個自以爲了不起的總經理。」

「我是老孫。」老孫對總經理的秘書說，「我約好的。」

「是的、是的。總經理在等你，不過不巧，剛好有位同事臨時有急件送進去，麻煩你稍等一下。」秘書客氣地把老孫帶到會客室，請老孫坐下，又笑臉迎人的說：「你喝咖啡還是喝茶？」

「我什麼都不喝。」老孫小心翼翼地坐在沙發上。

「總經理特別交待，如果你喝茶，一定要泡上好的烏龍。」

「那就喝茶吧！」

不一會兒，秘書小姐就端了一杯連著托盤的蓋碗茶，又送上一小碟點心：「你慢用，總經理馬上出來。」

「我是老孫。」老孫接過茶，抬頭盯著秘書小姐。

「妳沒弄錯吧！我是工友老孫。」

「當然沒有弄錯，你是公司的元老，老同事了，總經理常說你們最辛苦，一般同事加班到九點，你們得忙到十點，他心裡實在過意不去。」

正說著，總經理已經大步走了進來，跟老孫握手：「聽說你有急事找我？」

「也……也……也，其實也沒什麼，幾位工友同時叫我來看看您……」不知為什麼，老孫憋的那一肚子不吐不快的怨氣，一下子全不見了。臨走時，還不斷地對總經理說：「您辛苦了，您辛苦了，大家都辛苦，不打擾了！」

在這個故事中，總經理還沒有出現，就已經把問題解決了一大半。

讚揚其實也是值得我們研究的一門藝術。讚揚看起來是一件非常簡單的事情，好像只要說幾句好話就可以了，其實不然！人們在生活中各自扮演著不同的角色，就拿管理者來說好了，他們在工作中不可能是孤軍奮戰，要扮演好領導者的角色，就要不斷地鼓勵下屬，激發他們的合作態度。好的領導者，知道運用高超的用人藝術，充分激發員工的積極性，達到最完美的工作效果，這就是讚揚的魅力。

身爲學生，他們渴望透過老師的讚揚來激發自己學習的欲望；身爲老師，也希望透過校方的讚揚來肯定自己的工作成績；身爲子女，希望得到家人的讚揚；身爲工作夥伴，也希望透過讚揚使工作變得更加和諧向上；而身爲夫妻，相互間的讚揚更可以讓婚姻甜甜蜜蜜。

事實上，不管我們扮演的是哪種角色，都希望得到別人的讚揚而不是批評。比如，一對夫妻，丈夫不幸患了重病，做妻子的並沒有像其他人那樣只是安慰他，而是不斷地給予他讚揚，即使是一件很小的事情，她都會藉機誇獎。妻子的鼓勵給了丈夫強大的力量，他感覺到自己存在的價值，那種被人需要的感覺轉化成了活下去的力量，爲了他愛的人，他一定要堅強的活下去。積極的心態使他的病情得到控制，眞情的力量終於戰勝了病魔。這時的讚揚就成了慰藉人心靈的良藥。

當我們完全瞭解了讚揚他人，對自己以及對人際關係的和諧都有重要的意義和作用時，我們想由衷讚揚他人的熱情也會被激發出來。大家都應該把讚揚隨身攜帶，隨時隨地享受讚揚所帶來的神奇效果。

成功之路坎坷艱難，而在面對困難時，異於常人的堅強意志成了成功的基礎，但更重要的是，在最艱難困苦的時候，身邊人不斷的鼓勵、讚揚和肯定，就是他們繼續奮鬥的堅強後盾。讚揚就像是溫暖的春天，能最有力的激發人的潛能。曾經有過這樣的調查，一些政府機關每年不斷接受新的大學畢業生，卻沒有幾個人能長期穩定的工作下去。後來發現，原因就是機關裡的工作太缺乏熱情，也沒有挑戰性。每天的工作都很繁瑣，做得再好也不會博得一聲喝彩，所以人才紛紛流失。而在一些企業，儘管公司的規模不大，領導者卻有著神奇的魅力，他們常會用「你這個主意很好」、「你很有想法」這類的讚揚來鼓勵員工士氣，令他們的員工精神百倍，有了積極的工作態度，即使是喜歡跳槽的人，也願意停住腳步與他的老闆同舟共濟，開創新天地。

再比如，一位知名作家在還沒有成名之前每天寫作投稿，可是要嘛一直沒有音訊，要嘛是稿子直接被退回來，就在他對一切失去信心的時候，一位編輯給他回信，肯定了他的作品，而這個鼓勵最終使他成爲一名非常有影響力的作家，他的作品也很快被大家所知曉。這些都可以說明，精神上的鼓勵和讚揚對一個人成功的影響何其重要，因爲它滿足了人內心渴望得到尊重與敬佩的需要。

讚揚不僅可以激發他人奮發向上，也是促進自身進一步完善的手段。如果我們不願意讚揚別人，對自己的要求也會鬆懈。想積極的讚揚別人，需要我們自己先打開心靈，用心、用眼睛去觀察和發現別人身上的優點和長處。當我們發現原來身邊的每個人都有那麼多優點和可愛之處時，讚揚的話也會自然的脫口而出。讚揚了別人的優點，他的優點自然會對你產生好的影響，因爲我們在發現別人優點的同時，也會進一步充實自我。這是人性的特點之一。

一個眞正有自信的人，會把他的自信傳染給身邊的人；一個胸襟開闊的人，也同樣會開闊身邊人的視野。讚揚其實就是一種積極、自信和寬容態度的傳遞以及給予。用良好的思想和態度看待身邊的人和事物，就會看到他人身上美好的品德；如果用敵視或懷疑的思想來看待身邊的人和事物，只能看到他人的缺點。讚揚會幫助你掃除溝通中的一切烏雲，讓溝通永遠晴空萬里。

讚揚之所以被稱爲是一門藝術，因爲它需要我們有藝術家一樣敏銳的觀察力，能在平凡中找到不平凡，再用感性、生動的言語傳遞給他人。當然，讚揚也要有針對性，不同的人有不同的個性，讚揚的方式也不同，這就是我們經常說的「見什麼人說什麼話」。舉個例子來說，一位同學的母親年紀還不到五十歲，卻整天唉聲歎氣地說自己已經老了、不中用了。這位同學於是想了些方法來幫助母親恢復自信，她找到一些母親過去的照片，邊看邊誇獎母親說：「您四十歲時的照片，看上去沒有現在漂亮。」母親聽了以後非常高興，此後每天去唱歌、學跳舞，身材越來越好，人也顯得更年輕了。

兩家公司正在爲了某項合作案進行談判，但是因爲某個關鍵問題而一直僵持不下，其中一方的總經理用力闔上文件夾，很不高興的準備離開。這時，另一方的公關經理說話了：「總經理，我知道您和我認識的很多老闆是同一個年代的人，而您這一代生意人最看重的就是人氣和團結的力量……」之後，談判又得以順利地進行，雙方都取得了滿意的成果。這位公關經理抓到了企業家最看重卻又最容易丟失的東西，圓滿達成任務。

這些例子告訴我們，讚揚別人也要選對場合，根據對方的職業、年齡等等選擇不同的讚揚方式。人們都希望在自己沒有把握，或是不足的方面得到別人的肯定，這樣不但滿足了他們心理上的需要，也激發了他們的能力。讚揚任何一件小事都可能會讓他人感到愉悅，如果讚揚可以讓人與人的溝通變成一件非常快樂的事，我們又何樂而不爲呢？

第五章 職場生存的藝術

很多在職場上平步青雲的人都有一個特質：他們擁有高超的人際溝通技巧與豐富的人際網路，對他們來說，人際網路的建立並不遜色於他們的專業技能。因為他們知道，只要做好了人際關係，他們就能夠掌控一切。

第一節 遵守職場禮儀

對於大部分人來講，一份工作的獲得不能說是經歷千辛萬苦，也要算是得之不易了，所以人們會以珍惜的心態來看待自己的工作。有這樣積極的心態當然是一件好事，但是還要保持一份平和的心理，才能在人際溝通上遊刃有餘。

不論是剛剛從校園走出來的莘莘學子，還是勇於接受挑戰而到新公司的人才，都會面臨怎樣與同事以及下屬好好相處的問題。上司的壓榨會讓你感到忿忿不平，老員工背後扯後腿更是讓你有口難言，同事之間的互相猜忌排斥讓你恨得咬牙切齒……大部分人都不知道該如何突破這樣的溝通障礙。在這樣複雜的人際關係中，你必須學會如何保護自己。其實，只要你留心觀察，就不難發現辦公室裡存在著一些溝通高手，他們能屈能伸、進退自如；他們人緣好、路子廣、升職快。

要想達到這樣的境界其實並不容易，辦公室的溝通更加需要高超的智慧和過人的手段，你必須有效的控制自己的言行，時時刻刻記住萬事先留有後路。

要在公司內部的「競爭」中生存，就要努力贏得上司的信任，並幫助他搜集和整理「競爭」中的資訊，你會逐漸發現許多內幕，比如，爲了權力和金錢的鉤心鬥角；爲了保全自己的工作竟然可以背棄道德和禮義廉恥……身邊每天都在上演爾虞我詐的齷齪之事。而你適應了這一切之後，就會發現一個公司要想順利的經營下去，可能會遇到的困難和阻力是無法想像的，這時你便會嗤笑自己過去的淺薄了。

三種職場禮儀

我們都知道，辦公室是處理工作的場所，適當的遵守辦公室禮儀與規範不僅是對企業文化的認同，也是禮貌的最佳表現。

1. 語言禮儀

語言是表現同事之間相互尊重的一種言語交流。早上進入辦公室，可以互相道一聲「早安」，下班了再互相道一聲「再見」。請求別人幫助的時候一定要記得多說一句「謝謝」，如果是在打擾別人的前提下，要先說一聲「對不起」。切忌不要討論別人的隱私。

2. 肢體語言的禮儀

肢體語言禮儀是指辦公室同事之間用肢體語言表達出來的文明。比如，在電梯裡爲需要的同事按住電梯門；在同事需要幫助的時候及時地伸出援助之手；開會的時候即使有不同意見，也不會表現出輕蔑的舉動；對待客人要不卑不亢；交換名片時要伸出雙手；不要脫鞋子，或是做一些極不雅觀的動作。

3.細節禮儀

細節禮儀是指一些在辦公室裡看似微不足道的小小細節文明。例如，接聽電話的時候儘量把聲音調低；與同事討論的聲音要小一些，避免影響到他人的工作；不要隨便翻閱其他同事桌上的東西；不要在辦公室裡亂扔垃圾；切忌在辦公室裡製造流言蜚語……這些看起來很微小的事情，在辦公室裡發揮著極其重要的作用。也正是這些小事的累積，眞正表現出一個人的品性。所以要想成爲辦公室受歡迎的人，首先要從小事做起。

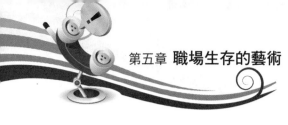

第二節 職場生存的兩大要訣

順境中的人煩惱跟著減少，處理人際關係遊刃有餘。但任何人的生活都不可能是一帆風順的，如果是處在逆境中，人們要怎樣減輕自己的壓力，讓每天開心、愉快，並一直保持良好的精神狀態呢？請記住以下兩大要訣。

1. 良好的心理狀態

《聖經》裡說，人來到這個世界上就是為了要經歷種種的磨難。當人身處逆境的時候很容易自暴自棄，覺得人生沒有樂趣，這種消極的心理如果一直繼續下去，無形中就給了自己極大的精神壓力。而樂觀向上的人在遇到困難、痛苦的時候，願意用微笑去面對一切得失，用熱情的心去面對困難，用善良和愛去面對痛苦。如果人們都用這樣的心態去看待困難，人生自然舒暢多了。

遇到困難的時候，封閉自己是最不明智的選擇，你應該儘量找時間和你的家人朋友在一起，和他們溝通你的想法，多聽取他們的意見，你的傾訴會得到他們的理解和支持；或者你可以找一個自己喜歡的地方，讓自己的心沉澱一下，以此來抒解自己心中的煩悶。

要做一個意志堅定的人，一定要拿出極大的自信心來承受社會和生活上的種種壓力，人生的逆境也意味著一種機遇，如果人在逆境中能夠掌握自己的命運，扭轉逆境，那成功的終點也就不遠了。

2.尋找適當的環境讓自己放鬆

大部分的人遇到困難的時候，只會越想越亂、越想越煩。如果你在遇到困難又不知道如何發洩的時候，不妨試試到健身房裡讓自己大汗淋漓，運動可以讓思想和身體都得到放鬆。但是每個人的愛好各有不同，有些人覺得運動的方式太過於激烈。他們更喜歡用安靜的方式沉澱心情，比如讀書。當人們徜徉在書的浩瀚世界裡，所有的悲傷和煩惱就都被拋到了九霄雲外，而書中的很多人生哲理又能在潛移默化中讓人胸襟開闊；又或者你可以什麼都不做，僅僅是讓自己安靜下來，讓思緒隨意的遊蕩，想像著自己的世界裡一切都是那麼的優美自然。不管是任何一種休息、減壓的方式，都會讓你在短時間內得到放鬆和安詳。思緒開闊了，很多問題也就迎刃而解了。

第三節　辨認出四種職場小人

在人際關係複雜的辦公室裡，有正人君子也就一定存在著小人，這些人的品行都不會寫在臉上，所以一旦人際關係沒有處理好，你可能就在不知不覺中得罪了辦公室裡的「小人」。

那麼，對於這種辦公室的「隱形小人」我們該怎麼來分辨呢？經過總結，可以把他們分成以下四大類。

1. 吹牛拍馬型

他們典型的特徵，就是嘴巴甜如蜜，會把你哄得忘了自己是誰，理所當然的以爲他就是個好人。如果他對你沒有心懷惡意的話，那倒也罷，但是萬一他對你不安好心的話，那你的輕易相信就正好中了他的圈套。如果是你的上司，他的逢迎和你並沒有利益衝突；但如果是你的屬下，那則要小心的觀察，留意他吹牛拍馬的目的是什麼；而如果這種類型的人是你的同事，尤其更需要小心和他保持安全距離。因爲一旦他發現你和他有利益衝突時，你很可能就成爲他的犧牲品。應付此類型人的最好方法就是，保持冷靜的頭腦，以不變應萬變。因爲如果他是意圖不軌，你的冷靜自然讓他原形畢露。當然，如果他眞的是好意誇獎，你也沒必要拒人於千里之外。

2. 笑裡藏刀型

這種類型的人最喜歡在你沒有警覺的時候暗地裡扯你的後腿。比如，你的上司交付給你一項重要工作，別的同事都羨慕不已，他們會在辦公室裡散佈對你不利的謠言，諸如「你和上司的關係曖昧」、「你很會奉承」等等，讓你的上司因爲這些謠言，不得不疏遠你。

他們在辦公室裡很會把自己扮演得和善，面帶微笑；事實上他們很會記仇，又陰險狡詐。他們時刻算計著別人，以使自己得到更多的利益。要想應付這樣的人其實並不難，表面上你一定要和他搞好關係，但是私底下要對他有所防備，一切與他有關的工作都要公開進行，或是找一些相關的人一起參與，其他與其無關的工作則避而不談。與他的個人來往也要僅限於公事，更不能和他談論自己或其他同事的隱私。只要你防範得滴水不漏，他就找不到機會做不利你的事情。

3. 挑撥離間型

這種類型的人最喜歡在辦公室裡製造事端，搞得人心惶惶。遇到這種類型的人，首先要擺低姿態，謹愼嚴密的做好自己分內的工作。如果這類人是你的上司，那你就要注意自己的言行是否嚴謹，且要和他保持一定的距離，在同事之間建立個人的信譽。

如果他是你的屬下，則要想盡方法把他弄走，因爲你對他心軟，他就會把你踢出去。如果你不幸與此類人成了同事，那麼你除了要和他保持距離、少說多做以外，更要聯合其他的同事將他孤立，這樣他就沒有機會在同事中間造謠生事了。在工作以外的時間裡，更要和這類型的人保持距離，不要讓自己像個笨蛋一樣和他們做朋友。

4. 落井下石型

這種類型的人平時和你稱兄道弟，可是到了你眞正困難的時候，他會把你的錯誤擴大，讓大家對你失望，或是在你本來就很困難的處境中，給你增加更多阻礙。人們常說，與不瞭解的人說話要有保留，不要和人一見面就掏心掏肺，因爲很多時候都是說者無心，聽者有意。生活上常會遇到失意的事情，有誰能每天都過著舒心的生活呢？人的記憶總是對痛苦的事情印象深刻，喜歡落井下石的人一定不會放過這個好機會來打擊你，碰上這種居心叵測的人，樂觀是最好的武器，它可以幫助你戰勝一切困難。

第四節 職場遊戲規則

1. 辦公室不宜採用「圈地運動」

小王和小李是公司裡的一對好朋友，小王是人事部門的主管，一次公司裡有兩個培訓的名額，這是個肥美的差事，因爲不但可以領到證書，還可以度假。開會決定人選的關鍵時刻，小王推薦了小李去參加這次培訓，與會的人都沒有再表態，但是都在心裡嘀咕：「誰都知道你們倆好到可以同穿一條褲子！」

相信上面的例子在任何一家公司都可能發生，不管是出於何種目的，人們常常喜歡在公司內部組建「小集團」，也就是在辦公室裡做「圈地運動」，殊不知這樣做會惹來很多的麻煩。

首先，在辦公室裡，幾個人過於親密就很容易引起人們的反感。如果兩個人是同一個部門則容易引起矛盾，影響工作進度；如果是不同部門，就會引起他人的懷疑。其次，如果你在公司建立了你的「小集團」，不屬於你這個集團的人，會對你們產生戒心，無形中讓小團體陷於孤立。

你做「圈地運動」也許是爲了能在公司裡形成一定的勢力，以便在你遭到別人攻擊的時候能有人站出來爲你解圍；或者是當某個職位空缺的時候，有人能及時拉你一把。但是，如果你的「小集團」總是非常惹人注目，那麼你們當中不管是誰爲誰說話，都會被其他人視爲不公平，既不會引起其他人的共鳴，更不會被其他人所接受；如果你做「圈地運動」只是爲了結交朋友，平時沒事在別人背後說些什麼的話，那就是太不明智的舉動，因爲在工作場合是交不到眞正朋友的。

2. 防人之心不可無

常言說得好：「害人之心不可有，防人之心不可無。」與同事相處就好比是人在江湖，縱使你有滿腔的熱情，也無法抵擋藏在暗處的毒箭。所以我們除了要保有一顆與人爲善的心之外，更要增強自我保護的意識。

有些同事平常可以和你說說笑笑，可是一旦涉及到工作問題就會變得翻臉不認人，甚至阻礙你的工作。這樣的人有些是因爲嫉妒，可能公司給他的工作條件不如給你的好，或者是因爲他的個人形象和素質都不如你。這時候，你要擺低自己的姿態，展現友善的態度，儘量讓對方發現其實你也有不足，總之就是讓他在心理上找到平衡，消除敵意。

當然，辦公室裡欺善怕惡的角色也是屢見不鮮。這樣的人最喜歡占小便宜，而他們欺負的對象也大都是新員工或者是性格比較懦弱的女性。新員工因爲是初來乍到，很多規矩和工作的範圍都不是很明瞭，這就給了那些愛占小便宜的人大好時機。而性格比較懦弱的女性，被人欺負也都是採取迴避或者敢怒不敢言的態度。

職場風雲莫測，各式各樣性格的人混雜其中，在一切以保護自己爲前提之下，有效地利用溝通技巧，你自然能獲得自己的一片天空。

第五節　如何成爲辦公室裡最受歡迎的人

很多在職場上平步青雲的人們都有一個特質：他們擁有高超的人際溝通技巧與豐富的人際網路，對他們來說，人際網路的建立不遜色於他們的專業技能，因爲他們知道，只要做好了周遭同事的關係，他們就能夠控制一切。

可能有人會想，那麼多同事，每個人的個性又都不同，要想讓人人都滿意簡直是不可能；事實上，你不需要去討好每一個人，但要適當地遵守一些原則。你會發現，原來與同事好好的相處，是一種高度的職場智慧，這並不是要你一味的奉承，或是玩弄權力遊戲，而是相互的體諒和尊重。要做到上面所說的境界並不容易，要一點一點地累積，以下總結了八個方面作爲參考。

1.做好自己分內的工作，在同事需要幫忙的時候要盡自己最大的力量。

2.控制好自己的情緒，做自己情緒的主人。

3.儘量把同事也當作客戶一樣看待，讓他們滿意。

4.懂得用讚揚來代替批評，積極地鼓勵、肯定他人的工作。

5.時時刻刻讓同事感受到你的感激之情。

6.公私分明，尊重他人的隱私。

7.積極地把資源和同事共用，大家共同進步。

8.不要一個人獨攬功勞，要有宰相肚裡能撐船的雅量。

什麼人不受歡迎

做好辦公室同事之間的關係是非常重要的。關係融洽，心情就舒暢，不僅有利於做好自己的工作，也有利於自己的身心健康。那麼，哪些言行會影響同事間的關係呢？

1.**有好的消息卻不轉告**。比如，公司要發什麼獎品或獎金，你先知道了，或者已經先領了，卻一聲不響，好像什麼都沒有發生過，從不和身邊的同事通報一下。甚至是有些東西需要幫忙代領的，也從不幫忙。

2.**故意裝糊塗**。有時候同事出差去了，或者臨時有事不在，這時正好有人找他，如果你是知道的，那你不妨告訴他；如果你確實不知道，也可以幫忙問問別人，別一副事不關己的態度。

3.**工作態度散漫**。如果你有事要外出一會兒，或者是請假不上班，雖然准假的是主管，但你也最好和同事說一聲。

4.**一問三不知**。在辦公室有些私事是不能說的，但有些私事說出來反而可以增進同事之間的感情。比如談談你的男朋友或女朋友等；如果你結了婚，有了孩子，就有家人的話題。在工作之餘聊聊以便連絡感情。

5.**有困難也用不著別人幫忙**。不輕易求人是對的，因爲求別人幫忙總是會給別人帶來麻煩。但任何事物都各有利弊，有時求助別人證明了你對別人的信賴，能融洽關係，加深感情。

6.**拒絕別人的好意**。同事帶點水果、小零食到辦公室，休息時分給大家吃，你偏要裝特殊，推說不要，會讓人覺得你不近人情。

7.**喜歡說悄悄話**。對於辦公室的同事，你要儘量保持平衡的人際關係，儘量處於不近不遠的狀態，不要對其中某一個同事特別親近或者特別的疏遠。

8.**喜歡打聽八卦**。關於同事的私事，如果願意，他自己會說，不願意說的就不要去問，每個人都有自己的秘密。就算人家不小心說溜了嘴，不要去打破沙鍋問到底，這樣做只會招來別人的厭煩。

9.**嘴巴不饒人**。有些人總想在嘴巴上佔便宜，喜歡說別人的笑話，卻絕不讓自己在言語上吃任何的虧；而有些人喜歡爭辯，有理要爭，沒理也要爭三分；有些人不管是討論國家大事，還是日常生活小事，只要見到別人有破綻，就死死地抓住不放，非要讓對方認輸不可；有些人對一些說不清楚的問題，也非要爭個水落石出；有些甚至是人家不說他，他卻先說人家，這都是應該避免的不良行爲。

如何在內部競爭中獲勝

當你挖空心思想出一個好主意，或者你勤奮工作爲公司的發展做出了很大貢獻時，一定有人試圖把這份功勞歸爲己有。面對這種情況，你該怎麼辦？總不能只是坐在那裡唉聲歎氣，對自己喊不公平吧！那麼，怎樣做才能扭轉不利的局面呢？

1.**委婉的提醒**。你可以選擇寫信的方式委婉地告訴對方，信的內容一定不能讓對方產生不愉快的感覺。這樣做的目的是婉轉地提醒對方，自己是經過怎樣的努力才得今天的成果。你還可以在適當的地方引用一些日期，以留做證據。最好再建議對方進行一次面對面的討論，這樣做可以含蓄地再次強調這個主意是你想出來的。

如果眞的有人想把你的功勞據爲己有的話，這個方法可以爲你爭回功勞發揮一定作用。

2. **先誇獎，後警告**。首先大加讚賞對方的能力。這種方法對職業女性來說尤其需要。很多研究者發現，女性員工喜歡從「我們」的角度，而不是「我」的角度來看待問題和工作，所以她們的想法和創意常常會被男性同事挪用。如果往積極的一面看，你可以說你的同事也想要把工作做到最好，而且他對事情也有獨到的看法，或許會有助於你解決很棘手的問題。所以當你覺得自己已經有一個很不錯的想法時，你就應該早點行動，如果等你的同事把你的想法散佈開時再行動，那就變成你在剽竊別人的創意了。

3. **退出競爭**。乍看這好像是一種消極的做法，或者說根本就不能算是一種好方法。但對某些人來講，或許還不錯。遇到這樣的問題時，你首先應該問一問自己：是把這個想法付諸實現重要，還是獨自想出這個點子的榮譽重要？這是一個複雜的問題，特別是對女性來說，什麼時候應該和男同事理直氣壯地理論，什麼時候又應該做出一些犧牲呢？下決定時，應該考慮打這場「官司」得花費多少精力。在某些情況下，比如你正要接受一次重要的任務，要付出大量的時間和精力；或者除了

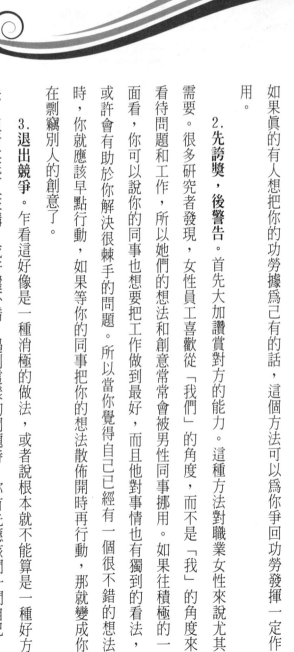

「原則問題」之外，被人搶功並沒有妨礙你的工作，而要證明所有權只會讓你疲憊不堪，也許還會讓其他人覺得你很不通人情，在這些情況下，退出競爭顯然是明智的選擇。

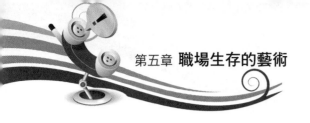

第六章

如何與下屬進行溝通

表揚別人也要選擇時機，如果是事隔很久之後才想要表揚對方，會讓下屬有被忽略的感覺。除了時機的選擇，場合的選擇也值得研究，比如，在眾人面前表揚下屬時，一定要明確且客觀，否則會遭至周圍人的反感和嫉妒。

第一節　如何改善上司與下屬的溝通

孔子說：「名正則言順。」意思是說有了名分，說話就有了力量，辦事就順利多了。一些管理者的頭腦中都有一個固定的模式，即，領導者就是要發佈命令的，而員工就是要服從命令的。其實，發號施令根本就不是領導者要達到的目的，他的實際目的是要帶領並確保團隊走向成功。在職場上有兩種很有趣的反應：下屬人員認爲，如果他們向上級主管直抒胸臆，並得到了肯定，他們會覺得備受激勵；而對於管理者來說，他們從下屬那裡得到新鮮想法的時候，感覺會更好。

在職場上，僅靠工作關係來完成職務上的互動是不可行的。人說「有關係就沒有關係，沒有關係就有關係」，便是這個道理。所以，人際關係有助於工作關係，而工作關係亦可以培養人際關係。不過我們是不能讓人際關係凌駕於工作關係之上的。

情緒影響溝通效果

一個聰明的上司，要處理好與下屬的人際關係，首先要重視與下屬溝通的方法。人們通常都是依據自己的個性、喜好去選擇聽什麼、不聽什麼。比如，一個滿腦子只想著業績的銷售經理，他在聽銷售代表報告的時候，很可能只會選取銷售代表的工作業績這一部分來聽，而忽視其他的重要內容。

在與下屬的溝通中，一定要掌握下屬談話的重點，不要被字面的意思所惑，要學會掌握說話者要表達的眞意。如果僅僅是聽取自己想聽的部分，或者是把注意力都放在說話者的表達方式上，就無法和對方形成互動的溝通，也會使對方難以繼續下去。所以身爲領導者要能聽出下屬的言外之意、弦外之音，對於下屬的情緒和處境要多加理解，對談話的內容才可以有更深入瞭解。在口頭溝通中，常常發生下屬沒有在聽，上司自說自話的現象，或者在應該仔細傾聽下屬說話時，上司卻說個沒完沒了。

要想改善溝通，首先要學會如何做一個好的傾聽者，更重要的是，要常常站在下屬的角度去考慮問題。身爲一個領導者，常常會以自己的思考模式去評價下屬的談話，下屬在談話時也理所當然的以自己的立場和觀點出發，如此一來就無法達到眞正的溝通。如果雙方各持己見，都堅持自己的觀點，當然也不可能達到共識，如果再夾雜個人的情緒在其中的話，那對立就會更激烈。在雙方情緒都極度高漲的時候，很難對事情做出客觀的判斷。因此，傾聽下屬想法的時候，「情緒」就會造成互相之間理解的巨大阻礙。

如果你在聽取下屬報告的時候，感覺自己像是被人愚弄並且快要發怒，這時的你正處在極爲不好的聆聽狀態之下，此時請深呼吸一下，問問自己爲什麼生氣，讓你的情緒緩和下來。而當下屬爲了工作而焦慮不安之時，首先要做的就是呼應對方的感情。當下屬抱怨責任或者工作壓力過大時，請先避免去指責他，改用同情且理解的口吻去溝通，並找出問題所在。因爲人在失敗或是不安的時候，往往會把事情先往壞處想。

比如，上司在詢問報告進度，可能只是隨口一問，但也可能是在暗示報告應該儘快完成。如果下屬原本就對報告的進度十分擔憂，上司無心的詢問就被解釋成了在催促報告的進度。這樣的例子在日常生活中也很常見。有些人因爲自卑感強，所以特別在意別人的態度。他們在潛意識裡就認爲別人看輕自己，所以儘管別人表達了友善或是親近的態度，也會被他解釋爲不懷好意、另有企圖。

很多做上司的都認爲，不拘小節可以表現出他們的坦誠和率眞，也更容易和屬下打成一片，但是身爲一個主管，說話、做事不能率性而爲。例如，你看今天的天氣不好，和天氣預報說的不一樣，隨口抱怨了一句：「怎麼會這樣？」剛好被一個員工無心聽到了，他很可能以爲你是在批評他的工作。因此，在上司與下屬進行溝通的時候，一定要注意言語的使用，以免給別人帶來不必要的聯想。下面提供幾種讓員工感知領導者支援的方法。

1.有效的控制。工作過程中，以理解和支持的態度及時給予員工評價。

2.提供情感的支援。對員工的行動和結果表示支持。幫助員工減壓，在員工壓力大的時候提供有效資訊，員工有負面情緒的時候，及時給予安慰。

3.認可員工的良好表現。公開或私下都要表示認同和讚揚，而且要及時。

4.向員工諮詢。徵詢他們的意見和建議，如果他們有好的提議，就要按照他們的想法和希望採取行動。

偏見會導致溝通不良

不管是任何形式的溝通，都會發生記憶性的錯誤。這是源自於人的自尊或是偏見。比如說，你對某人向來印象不好，那麼無論那人有多好，你都會視而不見、聽而不聞，而一旦你逮到了他的小辮子，你很可能到處宣揚他的缺點，而忽視他的優點，更不可能會記住他好的部分。人們常常會被各式各樣的偏見蒙蔽了心靈，就算身爲一個上司也不例外。

很多身處領導地位的人都認爲，領導者就必須是全知全能的，對下屬的任何疑問都要簡潔明快的答覆，在任何情況之下都能給予適當的意見和批評。但是，要正確表達自己的看法其實並不是件容易的事情，即使只是簡單的忠告也很容易被誤認爲是惡意的反駁。因此，很多員工在和他們的上司進行溝通的時候都有顧慮。爲了能給上司留一個好印象，在彙報工作的時候，很可能只會誇大自己的優點和功勞，而對於自己的不足則是避而不談，或者只說一些上司愛聽的事情來投其所好。

身爲一名主管，你必須知道下屬報告的內容可能並不十分可信。如果你僅僅以個人的想法來評論的話，就很可能參雜自己的私人感情，而不能對事情做出公正的評斷。身爲上司，如果受到成見所局限，對某一名下屬存有偏見或是不信任，就很難冷靜客觀地看待這名下屬的工作以及他所說的一切。上司對下屬的評價過高或者過低，都會妨礙兩個人之間的溝通。上司要經常給予下屬積極的讚揚，可是有時候積極的讚美和批評一樣也會成爲溝通的障礙。當你給予下屬非常高的評價時，對方就更不敢表現自己的弱點，你也就無法知道下屬究竟還有哪裡需要改進。由此可見，鼓勵雖然可以提高對方的意願、解除人心的失望和困惑，但是有的時候也會引起相反的效果。

溝通的過程也是情感和態度的交流過程。在面對面的溝通中，感情和一些抽象的思想是無法用語言表達出來的。雖然語言在溝通中很重要，但是語言涵蓋的意義和態度更爲重要。語言的含義不僅僅只有文字才能表達，一個人說話的態度、語氣、語調都可以賦予語言豐富的含義。就連日常生活中每人都有機會說的「早安」，都可能有千變萬化的含義。昨天和你吵架的同事，今天卻面帶笑容的對你說早安，這可能代表他已經忘記昨天的不愉快；如果上司臉色十分難看的對你說「早安」，你肯定會懷疑自己是不是那裡得罪了他。由此可見，語言本身的作用是次要的，眞正發揮效果的是表情和語調的運用。所以說，溝通並不是在玩語言上的遊戲，而是雙方態度上的交流。最理想的溝通方式就是以語言爲溝通的管道，進行心與心的接觸。

一位心理學家認爲，一般的溝通談話至少可以分爲三種模式：「打聽」、「聽取」和「傾聽」。當父母詢問孩子今天在學校做了些什麼、和誰在一起、老師規定了什麼作業等問題的時候，就是在「打聽」，孩子會感到被單方面的逼問，因爲家長完全沒有顧及到孩子的心理。而當孩子主動對正在廚房忙碌的母親報告今天學校發生了什麼有趣的事情時，母親只是簡單的敷衍，並沒有認眞回答，這時的母親就是在「聽取」。雖然母親聽到了孩子的話，卻沒有在意孩子眞正想表達的思想和內容。若是孩子對母親說話時，母親認眞聆聽，並且很感興趣的詢問：「然後呢？」在孩子說話時也適當的發表一下自己的意見，就表示母親不僅理解了談話的內容，也在感情上給予回應，這時就叫做「傾聽」了。

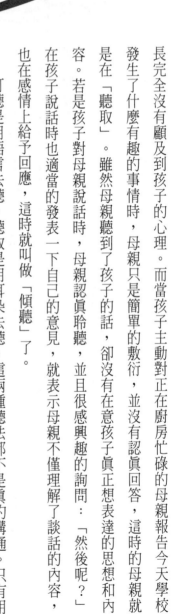

打聽是用語言去聽，聽取是用耳朵去聽，這兩種聽法都不是眞的溝通。只有用心傾聽才可以與對方達成共鳴。所以，在溝通中要以理解的態度來傾聽對方的話，暫時拋開自己的感情和情緒，把精力集中在對方所要表達的內容上，這樣才算是良好而有效的溝通方法。同樣地，只有當上司的放下身段，積極傾聽下屬的感受、努力瞭解下屬的需要，才能激發下屬的幹勁。

有些上司認爲自己在某個領域比其他人都精通，所以大家都要服從他，這是阻礙他和別人溝通的主要障礙。像這樣自以爲是的人，通常態度偏激獨斷，心門緊閉，眼裡、心裡都是只有自己沒有別人，而且會尋找各式各樣的機會發表自己的言論。有自己的信念當然是好事，但是我們都知道人外有人、天外有天的道理，在工作中當然要堅持自己的意見，但是不要剛愎自用。也就是說，對於新的思想、新的概念不必要全盤接受，但是可以取其精華、去其糟粕，還要加上充分地傾聽和考慮，這樣才可以擺脫狹隘的思考方式，和不同理念、意見的人進行思想溝通，並收到良好的效果。人與人之間要如此，上司和下屬之間更應該如此。下屬就像是出謀畫策的軍師，而不是一個口令一個動作的機器人。一個人的能力有限，集合眾人的力量，智慧的大船才能前進，工作也才會順利地進行。那麼，哪些行爲會導致上司和下屬的溝通不良呢？

1. **無效的控制，不停的逐項核對、追問所分派任務的進度**。而且每次核對花費的時間過長，明顯表示出對下屬的能力持懷疑態度。

2. **不能夠清晰闡述每個人的角色和目標**。給下屬指派並不合適他的工作，交待任務時不夠明確，不停的變換指派工作和目標。

3. **對下屬的想法缺乏興趣，總是給予負面評價，卻毫無建設性的意見。**

4. **管理指令經常與其他的管理者發生衝突，製造麻煩以後逃避解決問題。**

上司的肢體語言

我們說過，溝通中除了有聲語言的運用之外，人們使用最多的是肢體語言，比如人的一顰一笑、雙臂姿勢的變化以及雙手擺放的位置，都有不同的含義。從一些日常小動作，我們可以歸納出它們所代表的大致含義如下。

1. **凝神聚氣**：通常代表不同意、厭惡、發怒或是不欣賞。
2. **來回的走動**：通常代表發脾氣或是受挫。
3. **抬頭挺胸**：通常代表自信果斷。
4. **身體前傾**：通常代表感興趣。
5. **懶散的姿態**：通常代表無聊或是想放鬆一下。
6. **只坐了椅子的**三分之一：通常代表不安、提高警覺或是厭煩。
7. **頻頻點頭**：通常代表明白了、很好。
8. **鼓掌**：通常代表贊成和高興。
9. **打哈欠**：通常代表不感興趣。
10. **輕拍肩膀**：通常代表鼓勵或者是安慰。

11. **環抱雙臂**：通常代表不欣賞、防禦、懷疑。

12. **晃動拳頭**：通常是憤怒的開始。

這些動作是人類最常用來表達心裡感覺的肢體語言。上司也可以留心下屬類似的小動作，以便達到良好的溝通效果，比如開會的時候，大部分同事都昏昏欲睡，那就證明你該檢討自己語言表達的方式。如果大部分員工都精神百倍，熱情洋溢，就證明你主持了一場成功的會議。只有細微地關照到每一個部分，上司才能正確掌握下屬的心思和本意，雙方達到更好的溝通互動。

第二節　批評與表揚的拿捏

如果你是一位管理者，那麼表揚和批評下屬就是激勵他們繼續努力工作必不可少的手段，因爲教育理論證明了批評和表揚是同等重要的事情。表揚是要證明並發揮事物正確的一面，批評則是要證明事物的反面，有褒有貶是人類自古以來所形成的一套管理方法。應用在工作中，就是當下屬工作有成就的時候要表揚，犯了錯誤也要批評，只有批評和表揚相輔相成，才可以充分的發揮作用。通常，讓管理者制定工作目標或計畫是很容易的事情，但是他們卻很少會巧妙地運用表揚和批評的技巧。一個管理者懂得運用這個技巧，將可以大大提升下屬對他的信賴。

批評的技巧

批評是要講究技巧的，要想讓下屬眞正的改正錯誤，就要讓他體認到錯誤的嚴重性。如果你過分的誇大，也會挫傷下屬的自尊心，甚至還會使其產生怨恨。

最好是在批評之前先給予肯定的表揚。如果下屬能夠坦率地接受你的批評，則你可以再次表示你對他的信心；如果下屬的態度是懷疑甚至是憤怒的，則不妨透過先讓他瞭解細節來鬆懈他的自我防衛意識。如果他還是不能夠接受你的意見，就明確地告訴他，他的未來完全取決於是否願意改變自己的態度。

1. 先表揚，後批評

批評下屬的時候，你得把自己當成是他的老師而不是法官。想讓人順從地聽取批評可不是一件容易的事。你的批評一定要正確、詳盡，以免把批評變成一場無謂的爭辯。同時還要給下屬一些好的建議和忠告，來幫助他們改善自己的言行。對於要批評的問題儘量及早處理，不要週一出現的問題拖到週五才批評，過了批評的有效期再批，會讓下屬有遭人身攻擊的感覺。批評的時候也要先以正面肯定做開頭，免得被看成是故意針對個人，萬一下屬不但沒有體認到自己的錯誤還矢口否認，你也無須客氣，直言不諱的告訴他，除非他改正錯誤，否則將會影響到他將來的工作。

2. 就事論事

批評下屬的時候，儘量避免使用一些會擴大問題的詞語，要就事論事，男性主管尤其不可以對女職員說：「妳們女人就是這樣。」將事態擴大。另外，也不可以藉批評來翻舊帳，更不可以憑自己的好惡隨便批評，必須是站在客觀的角度和立場來說話。切忌使用「不聽我的話」、「反抗我」等理由進行批評。另外，批評的時機選不好，批評也不會收到任何效果。原則上，要在大錯還沒有鑄成前進行批評教育。

如果是因爲一時的疏忽，你只需要提醒下屬下次仔細、認眞些就可以了；如果是累犯，就要用比較嚴厲的態度；如果情節非常的嚴重，或者是導致了很大的經濟損失，當事人通常都會十分的自責，這時就不能用嚴厲的方式批評，否則會更增加下屬的心理負擔。相反的，不妨試著輕描淡寫地說：「雖然我們付出的代價有點大，但這是一次珍貴的教訓，至少可以提醒我們今後不會再犯同樣的錯誤了！」這樣的態度比起狠狠的大罵一頓要好得多，也更能收到良好的效果。當然，批評過後還是要進行一段時間的觀察，看他是否眞的有改進。批評場合的選擇也可以強化批評的作用，在衆人面前批評可以收到殺一儆百的功效，但是這樣做會傷害到被批評者的自尊。

所以在方式的選擇上一定要非常謹愼小心。批評之前要先仔細觀察被批評者的態度，年輕人比較容易對批評他的人產生怨恨、反感的情緒，有的女職員受到批評時完全不能就事論事，習慣性的加入自己的情緒和自我認知，因而產生了「上司不喜歡我，所以才批評我」之類的想法。常被寵愛又缺乏責任感，或自卑感很強的人，對於別人的批評有不同的接受和反應方式，因此仔細觀察被批評者的態度和性格，採用適合對方的批評方式，才不會徒勞無功。

批評的價值

批評必須要有充足的理由和目的，在批評之前一定要確定批評的理由和批評的必要性。很多上司都會犯這樣的錯誤，就是他們會在不知不覺中把批評下屬當作是發洩情感或是證明自己權威的一種手段。如果你是一位上司，首先你必須建立明確的獎懲制度，並且要切實貫徹，該獎就獎，該罰就罰，才能樹立起自己的威信和良好的形象。爲了不給人無理取鬧的印象，在批評之前一定要先整理批評的內容，如果批評的結果是下屬根本不知道你在說什麼，那就是無意義的發洩而不是批評，不但沒有任何效果，還可能導致關係的惡劣。所以，在批評以前一定要針對不同的人做不同的批評方案，使批評更具有「教育意義」。

其實，批評是一種充滿理性的行爲。爲了保持理性，一定要客觀觀察而後批評。因爲一旦採用不當的方式批評，會引發對方的反抗情緒，使對方失去理性的判斷，甚至有可能引發雙方的衝突。批評可以用具體比較的方法，比如，「這份工作別人一小時就完成了，你卻花了一個半小時，要注意提高自己的工作效率。」如果是當眾批評的話則更要小心，只有在技術上犯了錯誤才可以在眾人面前指責，因爲技術性的問題人人皆有可能再犯，當眾訓誡也等於是在培訓其他人。若是由於精神因素造成的錯誤，或涉及被批評者的人格、私生活等問題，就更應該關起門來談論了。

每個人都有自己的價值取向和標準，有些下屬認爲不遲到、不請假、認眞工作就算是一個好下屬，這類員工重視工作的態度；而有一些下屬則認爲遲到只是一件小事，只要可以按時完成上司所交付的任務，就算是一個好下屬，這類下屬重視工作的成效。對認知不同的人，批評的內容也要有所調整。對一位態度優良但工作成績欠佳的下屬，你就應該先稱讚他的工作態度，表示他的賣力肯幹你都注意到，然後再批評他的工作成績，雖然說功勞並不等於苦勞，但是也不能否定別人的付出。而對於成績優秀、能力強的人來說，批評比表揚更具有效果，比如：「不要爲這點成績感到滿足，你的能力不只如此，要更上一層樓！」或「以你的能力做出這麼一點成績並不足爲奇，要向更高的目標挑戰！」讓人備受鼓舞的言語和激勵的態度，對新人或正在學習的職員更有效果。

批評的態度

批評時，上司所採用的態度對於被批評者來說很重要，絕不可以攻擊下屬性格上的弱點，而對敢於據理力爭的人就敬而遠之。身爲上司，該批評的時候就應該做到一視同仁，只有用公平的態度才可以獲得下屬的信賴。批評是幫助下屬發現自己的缺點並加以改正和完善的一種手段，不是要徹底毀滅一個人的自信心。

批評的出發點是爲了讓對方變得更好。如果你的批評讓你的下屬對工作完全失去信心，那麼你批評的價值又在哪裡呢？所以，即使是批評也儘量使用寬容的態度。下屬可以透過批評發現自己的錯誤，反省過失、記取教訓，使他得到進步。

因此，身爲上司，你要做到對事不對人。對人要溫和，但工作上又不失威嚴，對工作嚴格要求可以提高下屬的工作能力，而當你在猶豫要不要批評下屬的錯誤時，就等於剝奪了下屬進步的權利。從心理學的角度來說，人做錯事的時候是期待責備和批評的，因爲如此可以減低罪惡感，所以不要猶豫，及時地指出下屬的錯誤，並幫助其改正。

批評容易造成緊張的氣氛，不妨嘗試既幽默又不輕佻的語氣。比如，有一位員警發現一個喝醉酒的人對著電線桿小解，於是員警喊道：「先生！你給那個電線桿施了太多的肥，它會越長越高的，這裡已經有很多野狗讓它變得很高了，眞是傷腦筋啊！」這樣的幽默不但化解了批評中的尷尬，也不會讓被批評的人覺得有傷自尊。

表揚的意義

身爲上司，當下屬工作成績提高時，必須要及時加以表揚，例如說「很好」或是「你很能幹」等，這些表揚的話會對未來的工作發揮積極作用。如果你給下屬制定的要求太高，就會對下屬的工作表現感到不滿，也找不到可以表揚的地方。

表揚也要講究事實根據，如果是突然的一句「很好，做得不錯！」會讓下屬丈二和尚摸不著頭緒，所以表揚時要具體說明什麼時間、什麼地點、做了哪些貢獻等等。對於被表揚者而言，如果上司可以具體陳述自己的工作成果，他也會覺得自己的工作得到上司的認可，因此更加努力的工作。雖然每個人都喜歡被表揚的感覺，但是如果毫無緣由的被表揚，對方的心裡也不會高興的。那樣的表揚等於是一種奉承，會給人虛僞、不舒服的感覺。表揚別人也要選擇時機，如果是事隔很久之後才想到表揚對方，也會讓下屬有被忽略的感覺。除了時機的選擇，場合的選擇也值得研究，比如在衆人面前表揚下屬時，一定要明確且客觀，否則會遭致周圍人的反感和嫉妒。因爲在衆人面前做特別的表揚，會給其他人做作的感覺，更會引來不滿。

表揚也有反作用

表揚一個人和貶低一個人一樣，使用不當就會引起反效果。比如，「你人眞好！」、「你能力眞強」諸如此類的表揚之詞，如果說的場合和時機不對，那就變得話中有話，也會使原本和諧的談話關係瞬間消失。舉個例子，當你的同事面臨工作壓力而感到力不從心，想找你傾訴煩惱，或者是想和你商量怎樣才能提高自己的工作能力時，你說出這樣的話，會讓他把自己不足的話又呑回到肚子裡。由此可見，無論是表揚還是批評都不能隨便脫口而出，而是要先仔細觀察對方的態度。

表揚者不同，被表揚者的態度自然也不同，無論是被批評還是被表揚，當你在被別人評價的時候，心裡難免會產生一定的拒抗情緒。因爲評價者通常是處於優勢，所以才有資格去評價別人。而被評價的人不管聽到何種結果，都不會是百分之百的服氣。但是如果評價者和被評價者身分和地位上的差距很大，被評價者在心理上比較容易接受；如果兩人的身分、地位相當，所評價的內容就一定要讓被評價者感到滿足，否則被評價者會覺得自尊受到嚴重的傷害。換句話說，當被評價者和評價者之間實力差異巨大，被評價者才會樂於接受；或是受到自己尊敬、信賴之人的表揚時，被評價者才會眞正感到喜悅。如果是被自己不欣賞甚至討厭的人表揚時，一些被評價者會把這樣的表揚看作是侮辱或者是傷害。

第七章 如何與上司進行溝通

如果你想說服上司，首先應該注意維護他的尊嚴，不能使用指責的態度，同時還要掌握說話的分寸，適可而止，不要逼他們在言語上承認自己的錯誤，更不要和他們爭辯。

第一節　如何與上司相處

讓上司產生主角的優越感

在工作中要儘量避免和上司鬧意見，或者是強迫上司服從自己，不然會讓上司對你產生敵對情緒，失去對你的信賴。因此，要讓上司感到他才是握有權力的主角。隨時觀察上司的反應，讓上司保持好心情，你的工作自然順利。在人際來往與溝通中，更要讓上司扮演主角。對上司的興趣、愛好和說話的特點都要瞭若指掌。這種處處迎合上司的做法並不是在教你阿諛奉承，而是讓你相信，任何人，包括你的同事或是下屬都可能在某一方面比你優秀，而一個可以贏得他們歡心的方法，就是以不著痕跡的方式讓他們明白他在你心中是很重要的人物。

人類生存有一條基本的行爲準則，如果你遵循它，就會得到快樂；如果你違背了它，就會帶給你無止境的挫折。這條法則就是「尊重別人，滿足對方的成就感」。就像一位西方教授所說的，人們最迫切的願望就是自己受到重視。而歷史學家則是一再強調，就是這種自尊、自重的心態，將人類由蠻荒時代帶向現代文明，並促進了社會的進步。

事實上，每個人都有自己的優點和長處，在談判中應該勇於承認對方的重要性，並給予由衷地讚美，這樣可以化解許多的衝突和矛盾。舉例來說，如果想在家中每天過得開開心心，你就絕不能說你的太太持家無方，更不能拿自己母親的優點和妻子的缺點進行比較。相反的，你要經常讚美妻子把家裡打理得井井有條，在外面也要公開地表示你非常的幸運，娶了一位內外兼備的好女人。就算她把雞蛋煎得像炭一樣黑，也不要有過多的抱怨。想讓別人喜歡你的最好辦法就是先尊重別人，讓對方瞭解到他在你心中的重要性，滿足他們的成就感。對自己的家人要保持寬容的心態，才能夠家和萬事興，對自己的上司更應該如此，才能在工作中相處愉快。

不要到處表現自己

在上司的面前應該儘量擺低姿態，要表現得謙虛、樸實，甚至是愚笨，這樣基本上就滿足了上司的成就感。再談起其他的事情，他就會放鬆戒心，這麼一來，形勢明顯有利於你。你以低姿態出現只是一種表面現象，是爲了讓你的上司從心理上得到滿足，願意和你合作。實際上，越是謙虛的人越是聰明且工作認眞，如果你表現得大智若愚，使對方陶醉在優越感中，你就已經成功了一半。你謙虛是爲了突顯對方的強大；你樸實、和氣，會讓人樂於與你相處，認爲你親切、可靠；你恭敬、順從，可以滿足上司的指揮欲望，認爲你與他十分投緣；你愚笨，對方就願意幫助你；如果能讓周圍的人都產生這種心態，對你來講是十分有利的。相反的，如果你處處擺高姿態，表現得咄咄逼人，你的上司也會被你弄得精神緊張，更容易造成他人反彈，就連同事都會與你作對、給你難堪，那麼，你的工作就會變得寸步難行了。

這種人際交往的道理早在中國古代的官場就人人懂得。爲官的人都知道，複雜的官場有條鐵打不變的定律：「不做己事不張口，一文搖頭三不知。」寧可做個「沒嘴兒的葫蘆」也不能去當那「張口的瓢」，因此，爲了把工作做得更好，不妨就以低姿態出現在上司面前，使上司感到安全，如此一來，你自己也就安全了。

利用語言拉近距離贏得信賴

一口流利的國語固然有利於自身交際圈的拓展，可是在適當的場合說一些方言也具有獨特的魅力。人都喜歡聽到別人說他的家鄉話，你對英國人說英語，對法國人說法語，自然會對你產生同鄉的好感，彼此易於接近。說不定什麼時候上司就會拍著你的肩膀說：「嗨！老弟，那個案子就交給你全權負責吧！」

不過在工作當中，你的上司眞正在意的不是你有多麼討人歡心，而是以工作上的表現來評斷你這個人。要贏得上司的信賴，你就要注重工作上的表現，而如何在工作上力求表現呢？一切都以上司的命令和指示爲標準，確實的完成工作目標和任務。對於承擔的工作要認眞、負責，掌握上司心態，工作中若出現問題都要及時地修正。把彙報的工作內容事先整理好，如果內容複雜，則應該做個正式的書面報告，實事求是，切勿摻雜個人的主觀判斷。而對於同事相處，保持友善的態度，能幫忙的時候就要儘量幫忙。

第二節　與上司保持良好關係的基本注意事項

1.絕不揭人短。中國有句話：「打人不打臉，揭人不揭短。」東方人「裡子是小，面子是大」，為了面子問題，小則翻臉，大則出人命。中國人是明虧、暗虧都可以吃，就是不能沒有面子。如果你是個做事情從來不顧及別人顏面的人，那你會經常吃苦頭的。圓滑世故的人從不會在公開場合說別人的壞話，尤其是上司的壞話。這樣既保住了別人的面子，別人也會給你留面子。試想一下，被擊中痛處對任何人來說都不是一件愉快的事，尤其是身為一個上司，在下屬面前對此更為敏感，喜歡攻擊他人身上缺陷的人，是最不受歡迎的。

中國有個古老的傳說，在龍的咽部下一尺左右有一片「逆鱗」，如果人不小心碰到了龍的「逆鱗」，龍就會因此而大怒，甚至殺人。這雖然是個神話，可是在人與人的交往中卻是很有道理的。一個人無論品格多麼高尚，都一定有他自己的「逆鱗」。因此與人溝通交流的時候，最忌諱的就是去揭人傷疤，或者拿別人的缺點來開玩笑。在和上司相處的藝術中，就更要小心謹慎，因為在職場中，對你影響最大的通常是你與上司的關係。一個人只要當了主管、有了權力，那過往的一切貧寒、卑賤都不能再被提起了。就算這個主管是和你同穿一條褲子的好友，你也不能把他曾經向你借幾塊錢生活費，或者常常被喜歡的女生拋棄這樣讓他下不了臺的醜聞當笑話拿出來講，否則不但你們之間的友誼蕩然無存，恐怕就連工作都有可能不保了。所謂伴君如伴虎，要想與上司保持良好的關係，就要保持一定的距離，在處理與上司的關係要謹慎，最重要的就是讓上司時刻擁有尊嚴。

2.**不懂就問，虛心請教**。在與上司相處的過程中，要繼承並發揚老祖宗留下的謙虛美德。當然，在今天這種競爭的社會壓力下，我們也不提倡完全保持一團和氣的君子之風，但至少你的謙遜可以向他人表明你的自知之明。在溝通與人際來往中，學會尊重他人，向上司虛心的請教和學習，就可以讓你在工作中得到更多的支持。

3.**時刻表現忠誠**。通常上司都會把下屬當成自己的人，也希望身為下屬的你能對他忠誠、聽他的指導、擁護他。如果讓上司發現自己的下屬與自己不是一條心，甚至有背叛之心或者是「牆頭草，隨風倒」的話，就會對這個人產生強烈的反感，也會想辦法儘快讓這樣的人從自己身邊消失。所以，對你的上司表現出忠誠和義氣，用行動來向他表示你的可信賴，不但能夠得到上司的尊重和賞識，而且會在工作中得到上司很大的幫助。

4.**精明能幹**。在工作中，上司一般都很喜歡有頭腦、有創造力、聰明能幹的下屬。因爲這樣的下屬學東西快，做事情也乾淨俐落，通常會很出色的完成所交付的任務。一般的上司對下屬的要求是做好自己的本職工作，如果下屬能在完成本份的同時，還有更出色的表現，便會得到上司的重用。但是如果上司認爲你無能又懶惰的話，那你的工作就危險了。

5.**不頂撞上司**。人無完人，當你批評上司的時候，首先要考慮上司的面子問題，不能讓上司下不了臺。如果和上司發生衝突，當著其他同事的面頂撞上司是最不明智的選擇。你有很多其他的方法可以告訴他，比如私底下的曉之以理、動之以情，或者是旁敲側擊的勸解等等，都可以幫助你有效地解決問題。

6.**不落井下石**。人在落難時候得到的一句問候，更勝過他在風光時所得到的千百句關懷。上司也是一樣的，當他處在困境時，你若能出手相助，一定會讓他對你刮目相看，也能讓他認識眞正的你，更加的器重你。上司在生活和感情上也會有困惑的時候，如果你能善用技巧的給他安慰，相信他會對你格外感激。如果這時的你因爲膽怯而沒有反應、呆頭呆腦的，你的上司肯定也會認爲你是個無情的平庸之輩。

7. **小心對待上司的錯誤**。當上司不小心犯錯的時候，你既不能冷眼旁觀，更不能幸災樂禍，這時候的你就算是不能幫他分憂解愁，也要幫助他分析事情的因果關係或者幫助他總結經驗教訓。如果這時的你抱著看笑話或者是嘲諷的心態，不但會把關係弄僵、激化矛盾，更不要指望你的上司會對你有歡喜之情了。

8. **把握溝通的尺度**。與上司進行溝通的時候，要儘量尋找輕鬆、自然的話題，把握交談的尺度。因爲一般上司會欣賞有聰明才智的人，但如果是故意賣弄的話就會招來上司的討厭。因此在交談的時候，你應該讓上司充分發表意見，需要你進行補充的時候，再適當的發表一下見解，這樣，你的上司自然會認爲你有知識、有見地。另外，交談時不要故意在你的上司面前用他不明白的專業名詞，否則會讓他感覺你在爲難他，也會讓他覺得你的能力可能會危及到他的地位，因此對你產生防備。這樣你就失去了上司的信任，也就無法有效地完成好你的工作。

9. **把個人利益放在後**。在今天這樣一個開放、競爭的社會，人們很多時候都是以考慮個人利益爲先，在工作中更是如此，但是如果你對個人利益貪求太多，反而會適得其反。在追求個人利益的時候，最好由你的上司主動給予，因爲過分的爭取會讓你的上司感覺你是個格調很低的人。如果上司是個性格平庸的人，你處處爲自己爭取利益的行爲更會把自己推向危險的境地。因此，當你想要得到個人利益的時候，首先要把自己的本份做好，盡最大的能力去滿足上司的要求並加以創新，你自然就會得到自己應該得到的。

10.**主動與上司來往**。人與人之間的來往是再正常不過的，不要因爲擔心身分、地位上的差異而羞於和你的上司表達你的感情。有一位建築工人每天努力、勤勞的工作，從不遲到也不早退，但是他有一個奇怪的習慣，就是喜歡穿一件和別人都不一樣的紅襯衫。一天，總經理來到工地視察，注意到了這個穿紅襯衫的工人。此後，每當經理來到工地，就一定會留意這個工人，漸漸發現他的勤勞認眞，於是這個工人被升職了。身爲一個上司，每天要忙的工作實在太多了，而下屬要想博得上司的喜歡，首先要讓他注意到你，然後再透過溝通讓他認可你。如果上司對你沒有絲毫印象，就算你是個極爲敬業的員工，也很難出頭。

11.**不要宣揚自己的功勞**。自己在工作中建立了功勞，切忌到處宣揚，尤其是你決定將這個功勞和你的上司分享，否則你的辛苦工作就失去意義。如果你認爲既然讓上司分享了自己的勞動成果，就應該大肆宣揚，那你還是自己獨享功勞比較妥當。如果你既想討好上司，又不願意白白奉獻，就會讓你的上司覺得有被施捨和不尊重的感覺。即使要宣傳，也應該是由你的上司來替你宣傳，這樣做可能讓你覺得有點埋沒才華，但是會讓你的同事和上司看到你的寬容與大度。因此，如果選擇做好人的話，那就好人做到底吧！

12.**順從不是屈服**。人們通常都有不服輸的心理，所以很多人都會覺得自己的上司其實並沒有什麼地方比自己強。換個角度想想，既然他能做到上司這個位置，就一定有他過人之處，你不妨試著多找出一些他的優點和強勢，當你發現他的優點，自然會去尊敬他、向他學習，自然更容易接受他的命令了。只要你的上司知道你是尊敬且服從他的，即便是他一開始對你的印象並不好，也會隨著時間的推移而改變的。當你眞正體認到被需要和尊重的必要性時，你自然會擺脫羞於服從他人的心理了。

13.**誇獎你的上司**。人的本性都是喜歡聽到讚揚而不是批評，身爲一個上司更是希望從別人的讚揚中得到對自己的肯定。讚揚不代表阿諛奉承、逢迎拍馬，看到別人的長處並對之進行表揚和讚美，就是對他人的一種尊重和肯定。你的讚美不但可以滿足他人的自尊心，還能贏得上司的好感與信任。身爲上司，如果知道自己被下屬所喜歡，那他對下屬的喜愛之情就會油然而生了。

第三節 品味八種類型的上司

當你的上司向你咆哮，你是不是立刻想要掰開他的嘴，看看裡面是否有狼一樣的獠牙？或者你會覺得他每天都像獵豹一樣如影隨形地跟在你後面。其實這並不是幻想，記得一位剛剛就業的年輕人和我說：「我們經理的情緒變化多端，你永遠都不知道他嘴角的微笑什麼時候會變成狂吠。」

當我們處在職場的最底層時，日子是非常難過的，就像大家所說的，找一個好的主管就像找一個好的婆婆一樣難。就算你很不喜歡你的上司，也不要去躲避他，而是要仔細的想想有沒有什麼問題是他曾經幫你解決的，這樣你就不會那麼害怕或者是厭惡他了。你會發覺自己是信任他的，也必須承認他所給予你的幫助和他善良的一面。其實，算是兇猛的野獸，也會有溫順的一面。我們大概總結出八種類型的上司，加以具體分析。

1.**狂吠型**。這種類型的上司是辦公室噪音的來源，他們不順心的時候會隨時丟杯子、敲桌子，把地板踩得咚咚響，就像正在爆發的活火山一樣。一位推銷員這樣描述他的上司：「我的上司遇到挫折的時候會大叫，分派工作時也是大叫著，如果屬下犯了錯，那更是火山爆發，身邊的同事無一倖免。」你是不是也正在承受這樣的煎熬呢？面對喜歡大喊大叫的上司，唯一的解決途徑就是克服自己對他的恐懼。你可以調整自己的習慣，爲自己營造一個全新的工作環境來適應他的大喊大叫。當他高聲質問你的時候，你的回答應該是冷靜平和的。這會讓他也意識到自己的語調過於誇張了。

專家建議，爲了避免和上司討論的時候有質問的語氣，在語言的使用上，可以用「我覺得……」來表達「你總是……」的意思。這樣，你的上司不會感到不被尊重，你們也可以心平氣和地想辦法解決問題。不過不要得寸進尺，因爲他的心情是無法預知的，就算他現在是「晴空萬里」，你又怎麼知道他下一秒鐘不會「晴轉多雲」呢？如果不保持安全的距離，你自己也會備受打擊的。

2.**惡言型**。事實上，被上司大呼小叫並不是最難以忍受的，許多職業女性最不能接受的是被侮辱，特別是來自男性上司的辱罵。一位從事保險業的中年女雇員說：「我最不能忍受的就是當著全體職員的面前被批評爲最無能、最差……」這樣的話語會讓你覺得自己在當庭廣衆之下被剝光衣服。

相信很多人都經歷過這樣的尷尬，雖然現在很多公司對員工的利益有明確的規定，也禁止謾罵下屬等，但是從來沒有聽說過有哪一位主管因為辱罵了下屬而被公司開除的，所以，儘管受了委屈，為了工作，也只能忍耐。我們建議，必要時善用人事部門的投訴，但前提是你自己要儘量避免被脾氣暴躁的上司辱罵，所以你一定要認真、負責的做好自己的本份。如果你的上司真的是把辱罵下屬當成樂趣，那就一定要投訴，尋找適當的幫助。一般情況下，透過高層的溝通，問題通常都會得到圓滿解決。

3.**偷竊型**。職場就像人生，很多時候都是沒有公平可言的，你常常會發現自己的功勞被別人悄悄的偷走了。

心理學家研究發現，女性在職業生涯中很難得到應有的賞識，因此很多男性的上司會利用女性的弱點來偷竊她的勞動成果，所以你在工作中遇到了棘手的問題或者是想出了什麼好點子，一定要假裝無意的和別人提起，這樣他們就會知道你才是真正立功的人。這樣做可以發揮「版權所有，請勿抄襲」的作用，如果他是一個沒有頭腦、濫竽充數的上司，那他的上司也一定會發現他的無能；假如他是真的有實力的上司，那他不會需要偷竊他人的工作成果，更不會因為你的懷疑而被炒魷魚。

如果工作中眞的遇到了被剽竊的事情，首先可以透過溝通的方式解決，即使解決不成功也不要就此消極或者一味的抱怨，因爲對方並不像你想像的那麼頭腦簡單。

4.**陰謀型**。這種類型的上司是最難被發現，也是最危險的一類。他們通常都擁有和藹可親的笑容和優雅的舉止，卻有可能是第一個把你推到井裡的人。

舉個例子說。有一家公司的員工這樣描述他的同事：「表面上看，她和每個人都是好朋友，體貼又善解人意，我們都願意和她說心裡的話，可是她卻把這些話當成挑撥大家的情報，並且添油加醋、繪聲繪影。辦公室裡的人都很怕她，因爲你永遠不知道什麼時候說了一句什麼話就和誰變成了敵人，而那個把陰險發揮到極致的女人就在旁邊看笑話。」對於一些上司來講，先分裂後管理的策略更有利於他們的領導地位，有些人更因此得到提升，但無論如何，犧牲同事來成就自己的做法並不可取。在處理職場中的上級與下屬關係時，不同的人有不同的方法，但是無論什麼樣子的上司，他只是你職業生涯中的一部分，他的作用在於幫助你增長工作經驗，其中也包括教你如何爲人處事。你學會了如何跟一個麻煩的上司相處，那麼第二個、第三個就會更加遊刃有餘了。

5.**懶惰型**。當你遇到的上司是狂吠型或陰謀型的時候，你會渴望能有一個懶惰型的上司，不會大喊大叫，不會給你壓力和期限，一切聽起來就像是天堂一樣，但事實上並非如此。工作和學習一樣，如果沒有了壓力與鞭策，你會習慣於無所事事的安逸與舒適，而忘記自己工作的目的，也許會在不知不覺間就被不知進取的人給同化了。這種類型的上司在工作上沒有什麼更高的追求，個性也過於安逸。這種可有可無的管理，磨滅了下屬的進取心，無形中也讓工作的進度落後。

6.**嫉妒型**。你是不是遇到過上司對你的工作像在雞蛋裡挑骨頭，當著大家的面前數落你或者是嘲笑你的想法，爲什麼他會那麼做呢？通常這樣的行爲說明他在嫉妒你！你的工作成績讓他感受到危機。這樣的上司害怕失去自己目前所處的重要位置，所以會想盡辦法來貶低你，讓你出醜。你說的話他很少會給予贊同，你的意見和觀點他更不會採納。不過也有些此類型的上司，他挑剔的目的並不是出於嫉妒，而是擔心人才流失，怕他們的下屬跟著他們學會了東西就另謀高就。

7.**控制型**。控制型上司的優點是他會儘量事事親力親爲，不過這也同樣是個缺點，他們對工作過於熱中，幾乎要把所有的事情都一個人包攬下來的態度，也會給下屬很大的挫敗感。而當他們被堆積如山的工作壓得喘不過氣來的時候，你的地獄也就隨之開啓了。更諷刺的是，這種上司喜歡檢查下屬是否在工作，即使是他很少接觸到的下屬，他也會隔幾分鐘去察看一次。事實上，這種類型的上司並不是因爲不認可你的能力，他強烈的控制欲望是因爲心理的需要而不是客觀的必要。你可以先自告奮勇去做一些小的事情，以此來贏得他的信任，然後再循序漸進的幫助他分擔一些重要的工作。但是開始的時候儘量避免犯錯誤，因爲一個小小的錯誤就會使他對你失去全部的信任。

8.**自負型**。生活中最常見到的，就是那種可以坐在辦公室裡和你滔滔不絕講上好幾的小時的上司，他們會教育你「上司永遠是對的」等等之類的大道理，更糟糕的是，他還會大談特談一些他其實根本不知道的話題，聽著他胡言亂語，你恨不得自己從來沒有長過耳朵。這種類型的上司必須充分滿足自己的需要，他的下屬一定要完全服從他的指揮，贊成他的觀點。在溝通交流中，他在意的是自己要說什麼，而不是對方要說什麼。爲了表現自己的「智慧」，他會不停挑剔別人和他不一致的地方。要滿足這樣的上司也很容易，你只需要不斷的點頭承認他是對的，就能滿足他自負的心理了。不要試圖和他爭論，讓他承認自己的錯誤，只要一切如他所願，你們就能和平相處。

第四節 說服上司的六種技巧和三項建議

上司也是人，是人就會產生偏見或做出錯誤的決定，身為一個有責任感的下屬應該及時提醒上司到底哪裡不對勁。由於彼此職務的差異，下屬說服上司跟說服同事以及競爭對手大不相同。如果你在說服上司的過程中有可能發生爭辯的話，可以嘗試以下幾種技巧避開：

1.掌握說話的分寸

如果你想說服上司，首先應該注意維護他的尊嚴，不能使用指責的態度，同時還要掌握說話的分寸，適可而止，不要逼他們在言語上承認自己的錯誤，更不要和他們爭辯。因為你的一切都操控在他的手裡。假如你讓問題陷入了僵局，很可能會產生非常壞的影響。

2.站在對方的角度想問題

想要和上司成功的互動，瞭解他工作的苦衷對你會很有幫助，假如你能設身處地為他著想，他自然也會幫你忙的。一位程式設計員和他的上司起爭執，為了一個問題雙方僵持不下。高人建議他們互相交換一下角色考慮，再以對方的立場來解釋。幾分鐘之後，他們就發現自己的行爲是多麼的可笑，兩個人開始哈哈大笑起來，很快就找到了解決的方法。

3.選好說話的時機

心理學研究顯示，人們處在不同的心情下，對於否定意見的接受程度也大不相同。在你要去說服你的上司之前，最好先向他的秘書打聽一下他今天的心情如何。如果他的心情非常差，就不應該再向他提出什麼要求。

即使沒有秘書來幫你的忙，也要尋找其他的訣竅。比如，午飯的時間最好不要再給他忙中添亂，例假日要休息的前夕也不要給他的假期增添陰影。

4.提出合理建議

身爲一名上司或者領導者，每天的工作量比別人大幾倍，他需要知道或是記住的東西實在多不勝數，因此如果你總是不能提出行之有效的合理化建議，你就會常常被上司的秘書阻攔，因爲你在浪費上司的時間，也會招來上司對你的厭煩。

5.清楚地說明問題

很多爭執的發生都是因爲上司和下屬的溝通不良造成的，雙方都不瞭解對方到底在想什麼，一旦把問題攤開來說，爭端也就隨著消失了。因此下屬必須把自己的觀點講得簡單明瞭，以便上司可以正確地理解。有些下屬極少和上司發生爭執，但是當他認爲重要的事情遭到上司否定的時候，他會把自己的觀點寫在紙條上，請上司考慮。這種做法有助於冷靜地說明問題，而且也很有勸誡的效果。

6. 保持心平氣和

心理學家認爲，在溝通交流中，如果你的態度來勢洶洶、大吵大鬧的話，也會惹得對方勃然大怒。所以，在說服上司的時候，一定要心平氣和，使用的語言也要儘量的婉轉平和。還要注意就事論事，不要藉機會把你自己心中的不滿全部發洩在上面。如果你給人的感覺是對於目前的一切都不滿、態度消極，你的上司也會認爲你很難纏，或許就請你另謀高就了。總之，和上司交流的最高宗旨就是不要打沒有把握的仗。

在巧妙的批評中說服

批評的效益在任何時候都是與老闆對你的信任成正比關係，否則適得其反。

一個對公司有突出貢獻的員工，他的價值和對公司的忠誠度是有目共睹的，所以對老闆說出一些批評也不會被認爲是冒犯和無理。因此，有必要去批評老闆的時候，一定要先弄清楚自己在老闆心中的地位，如果沒有把握千萬不要冒險嘗試，以免得不償失。

1.**要留有餘地，適可而止**。沒有人喜歡被批評，更何況是高高在上的領導者。就像英國小說家、劇作家毛姆在他《人性的枷鎖》一書中所說的：「身居高位之人，即使請你批評指正，他眞正要的還是讚美。」這是人的天性使然，除非必要，對老闆的批評不能作爲常規手段使用，否則老闆一定會發怒，再加上一句：到底誰是老闆？

2.**用專業語言提出反對意見，擺明自己的客觀立場，老闆也就不好爭辯了**。老闆用你是因爲你在某專業領域有過人之處，所以在自己的術業專攻範圍內，如果老闆的要求不盡合理，或者違背客觀規律，你完全可以用專業語言來說服他，相信老闆也不會和自己的鈔票過不去。

3.**要含蓄、幽默，不傷害老闆的尊嚴，讓他自己去認識並改正**。有人說老闆都是講故事的高手，所以在批評老闆的時候，你也要學會講故事。畢竟能成爲你的老闆，理解能力應該不會太差。除了講故事，用輕鬆、幽默的話語來表達你的觀點也是很有必要的。例如，老闆承諾給自己的部門員工加薪，但是沒有兌現，上司在爲員工爭取福利時，對老闆說：「我們部門的張三這兩天神情恍惚，我問他是什麼原因，他說自己的手頭上只有四萬元，而工資要過半個月才能發放，但是他現在有三件緊急的事情必須去做，一是給孩子學費一萬，二是還房屋貸款兩萬，三是老婆看中了兩萬的珍珠項鍊。按理說，孩子學費和還房屋貸款是首要解決的問題，可是張三曾經許諾結婚十週年時給老婆買她最想要的禮物。養家的男人眞是不容易啊！」

爲了達到批評的目的，你要含蓄、幽默、機智，讓老闆頓悟，這才是爲人下屬之道。

第八章 會議溝通技巧

會議在我們的工作中也可以被稱作是一種藝術。會議的重要作用在於它是傳遞資訊、內部溝通、協調關係、佈置任務、總結決策計畫等工作的重要管道，是平衡公司各項工作不可缺少的手段。

第一節 會議的準備階段

會議可以說是職場最經常做的一項工作。調查結果顯示，大多數商務人士有三分之一的時間用於開會，三分之一的時間用於旅途奔波。深圳萬科集團總裁王石就曾經說過：「我如果不是在開會，就是在往下一個會議的路上。」雖然大家都知道會議所消耗的資源、人力、物力、財力極爲龐大，但人們也不得不承認，會議是衆多良好有效的溝通手段之一，開會可以經由面對面的交流傳遞更多的資訊，尤其是在協調各部門工作的時候，會議就發揮了紐帶和橋樑的作用。

會議在我們的工作中也被稱作是一種藝術。會議的重要作用在於它是傳遞資訊、內部溝通、協調關係、佈置任務、總結決策計畫等工作的重要管道，是平衡公司各項工作不可缺少的手段。而一些重要工作如決策研究、內部協調、彙報情況資訊等，一定要透過開會有效解決相關的問題。

在一個會議開始之前，會議的主持者一定要先確定有關會議的一切事項都已準備就緒，比如，會議的議題、出席的人員安排與通知、報告的內容及時間、會場的佈置等等。良好的會議氣氛對於會議最後的效果至關重要，也就是說，不要開沒有主題的會議、不要重點不明確的會議、不要沒有準備好的會議、會議不能跑題、不要請和會議內容無關的人、不要重複發言、最後的會議結果不能一個人獨攬。

不同的會議內容和作用也大不相同，我們把日常工作中的會議大致分為五類：

1. **報告類**。此類會議的資訊流是單向的，與會者不會與主持會議的人進行討論，否則會影響資訊的有效傳遞。

2. **制定決策類**。此類會議只有特定的人員參與並制定決策。

3. **解決問題類**。此類會議要充分發揮討論小組的動能，會議的組織形式可以靈活多變，最終的目的和結果就是解決問題。

4. **收集和交換意見類**。這種類型的會議用於發表意見，發佈消息，瞭解意見的反映。會議形式以廣泛的討論爲主。

5. **談判類**。這類會議的目的是爲了解決矛盾衝突，最終能達成雙方的一致諒解。此類會議的資訊是雙向的。

會議的準備與目標的制定

爲使會議溝通能夠有效進行，達到預期的效果，召開會議前需要對會議做詳細的規畫，把會議有關的一切事項都安排妥當，否則不但不能保證會議的順利進行，更談不上取得良好的會議溝通效果了。因此，會議的準備與安排是十分必要並且重要的，應該注意安排好以下內容：

1.**計畫要周詳**。會議計畫的主要內容應該包括會議的目標，制定議程並以書面的形式寫出合理的議程安排。

2.**準備會議結構**。確定會議的召開時間和結束時間，並和各部門主管協調，包括會議的內容、步驟，以及怎樣最有效地利用時間等。整理相關議題，並根據其重要程度安排討論的順序。

3.**會議結果與既定目標有偏差**。如果偏差小就結束討論；如果偏差大就展開討論。

4.**把議程安排提前交到與會者手中**。並提前規畫好與會者所應當承擔的責任，如果承擔的責任大，他們就應該參與制定決策。如果是爲「與大家有關的問題」而召開的，也就可以等同於交際聊天了。

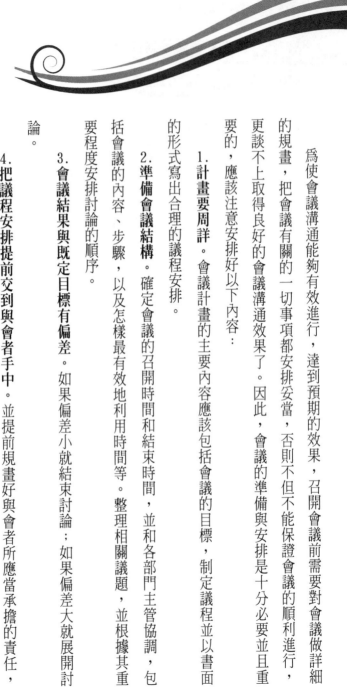

良好會議目標的設定要符合幾項要求。

首先是書面列明。許多會議的主持人在規畫會議的時候，都以爲把目標記在腦子裡就可以了，沒有必要寫出來。其實這並不是好方法。用書面的方式記下會議目標有三方面好處：第一，有助於清晰目標的內涵；第二，書面目標的記錄不容易被遺忘；第三，當會議要制定多個目標的時候，書面的形勢比較容易協調其間的矛盾衝突。

其次是目標要切合實際。所謂切合實際，就是說目標具有多大的可行性。但是「會議目標必須切合實際」這句話，並不是說要把目標訂得簡單且容易實現。事實上，一個不能夠輕易實現的目標，對於追求者才更具有挑戰性。所以，會議目標應該具有相當的挑戰性，但也要有實現的可能性。

最後是目標要具體且可以衡量。含糊籠統的目標是無法作爲行動指南的。例如，某單位主管因爲知道該單位產品的不合格率過高，決定開會討論怎樣降低產品的不合格率。如果他將會議目標定爲「探討如何降低產品的不合格率」，則與會者將很難對此提出什麼行之有效的解決方案，因爲他們又不知道不合格率的具體數字是多少，以及應該在多長時間內達到一個滿意的結果。如果主持者將會議目標改定爲「探討如何在月底之前使產品的不合格率降低到三%」，那麼這個目標問題就可以透過會議的討論得到解決。

會議的安排與會場佈置

1. **會議參加人數**。首要原則就是少而精。

2. **如果是資訊型會議**。應該通知所有需要瞭解相關資訊的人參加討論。

3. **如果是決策型會議**。需要邀請對決策有影響力的權威人士，或者能對問題的解決有所貢獻的人，以及能對執行決策做出承諾者參加。

4. 一**般會議選用比較方便且費用低廉的地方**。但如果公司需要對外宣傳或者要擴大公司的對外形象，並且邀請了衆多人參加會議的話，則可以考慮租用飯店或者展覽中心的專用會議室。

5. **場地的選用**。要充分地考慮到參加會議者的身體舒適需要，注意會議室的空調溫度、桌椅的舒適度、燈光和通風設備，以及會議的規模和所安排活動的適用性。

6. **根據會議的主題和需要來選用適當的桌椅排列方式**。資訊型會議的參與者應該面向主持人方向；決策型會議的參加者應該是互相面向彼此，可以適當的採用圓形會議桌佈置現場。

會議的結構

會議的結構是由會議的議程來決定的。而會議的議程除了包含可實現的會議目標和各種需要討論的議案之外，還包括了參加者的姓名、會議的時間以及會議的地點等等。會議的主持人在編排會議議程的時候，最好能遵守兩個原則：

1. **按照議案的輕重緩急來編排需要處理議案的先後順序**。也就是說，緊急的議案要安排在前面處理，而不是很緊急的議案就可以安排在後半段的時間處理。這樣，如果會議在預定的時間內沒有將全部的議案都討論出結果，那至少緊急的議案已經得到了解決。而那些比較不緊急的議案，則可以另外選時間去處理，或是安排在下次的會議中處理。

2. **每個議案應該預估大約所需要的處理時間**。比如，某些特定的議案，可以在特定的時間內，由特定的人來參加。也就是說，假如議程中明示什麼時刻被分配於探討某一議案，主持人就可以讓與此案無關的人晚到，或者是提早離開，這樣做，顯然可以節約參加者的時間。不過，會場的秩序將會受到干擾。

有些主管在主持會議時並不準備議程，這不是一種好習慣。會議的議程不僅能夠規範會議的內容，也可以幫助約束溝通的次序與溝通的節奏。不做會議的議程就召開會議，則所召開會議的內容勢必不明確，溝通的次序也是雜亂無章。換句話說，欠缺議程的會議是註定不具備實效的。現在很多機構都有政策上的明確規定，要培養良好的開會習慣，嚴格執行擬妥會議議程才開會的要求。爲了讓參加者對所要討論的內容做好準備，議程應該和會議通知一起發給會議的參加者。雖然並非所有會議都需要正式的議程，但是與會者至少應當在開會之前就對所要討論的內容有所瞭解，以便及時做好準備。議事日程到底是受到尊重還是被忽視，與管理部門的利用程度是成正比的。書面議程還有另外一個好處，會議主辦者將集會的目標寫成書面的議程，擬定議程的責任自然由會議的主辦人來擔任。

第二節 會議的內容與主持

職場和生活中有各式各樣的原因需要我們舉行一些正式或非正式的會議，而召開會議所需的時間和費用消耗是十分昂貴的，因此隨之而來的問題也爭論不休。事實上，會議只是一種管理工具，人們對它有熱中與厭惡兩種極端的態度。熱中會議的人認爲會議是不可缺少的，他們能夠舉出許多冠冕堂皇的理由來證明自己的觀點；厭惡會議的人將會議看作是浪費時間與精力的一種活動，他們也能夠舉出許理由來支持自己的見解。無論如何，如果問題和決策的解決與制定一定要透過開會的方式，那就一定要明確開會的內容。召開會議的內容包括了資訊的提供和收集、政策的宣傳和問題的解決，以及給員工的培訓等等。

1.**資訊的提供與收集**。很多人覺得以便條、備忘錄，甚至正式的書面報告來進行資訊的溝通與交流，要比開會經濟划算。但是，人們對於書面的東西不一定留心看，就算看了也不一定能完全瞭解。這樣看來，開會倒是成爲一個提供和收集資訊的好管道。召集能夠提供資訊的人開會，是收集資訊的一種有效方法。在會議中，主持者不但能面對面的解釋參與者的疑問，還可以藉助一些視聽器材來增進與會者對資訊的瞭解與興趣。這時，你可以請求資訊提供者用書面的形式將資訊傳遞給你，如果有必要，也可將它複印然後分發出去。

另外，可透過個別約見有關人士，當面向他們收集資訊，可以收到更好的效果。

2.**政策的宣傳與問題的解決**。當一家公司要向他的員工宣佈新的政策和規定的時候，他們有三種途徑可以選擇：一，書面宣傳；二，面對面個別宣傳；三，開會宣傳。書面宣傳最節省資金，但是不如面對面宣傳具有說服力，主管們可以根據不同員工的性格來選擇面對面宣傳的方式。這種情況下，採用開會的方式進行宣傳無疑是最好的選擇。但是要注意參與者之間的溝通是否可以產生良好的說服效果。如果主管認爲面對面的溝通可能導致參與者的矛盾，則可以採用面對面個別宣傳或書面宣傳方式。

採用會議方式來解決的問題，通常緊迫度不高，主管又希望獲得集思廣益的效果，才會邀請員工共同商議解決的方案，這樣做不但可以讓員工感到被人尊重，也能表現出對協商解決的熱情。但是當一位主管眞的面臨緊急問題時，他可以當機立斷地親自解決，也可將它授權給別人代爲解決，而不一定要採用會議的形式。

3.**會議的主持**。主持會議也和其他演講或演出的場合一樣，充分的準備工作可以有效幫助你緩解緊張的情緒——如果你知道自己會說什麼作爲開場白，你就會放鬆下來。更重要的是，有效、清晰的思維方式對於發表一個組織嚴密、卓有成效的會議開場有很大的幫助。

首先，身爲一個會議的主持者，你要用洪亮的聲音對參加會議的人表示熱烈的歡迎。

其次，重新溫習一下會議的基本原則，會議的基本規則也是會議的基本行爲準則。你可以自己制定一些參加會議的行爲準則，如果準則能由參加者共同參與制定，而不是由主持者強加給與會者，收到的效果則更好一些。你可以詢問參加者是否都同意你這些規章制度，並且要確保得到每個人的肯定答覆，而不要想當然的把大家的沈默當成是沒有異議。

最後，分配記錄員和計時員的職責，如果可能的話，讓大家志願來擔任這些工作，而不要由主持人指定。計時員負責記錄時間，並確保討論持續進行，記錄員則負責做會議記錄。對於一些例行會議而言，不妨讓所有人輪流擔當這些職責。當然，還要考慮到個別情況，比如有些人速記能力較差，確實不適合做記錄員，也就不能勉強。

一名優秀的會議主持人在提出自己的意見時，會儘量做到簡短而精確，以便會議有效地進行。比如說：「這是一個好主意，讓我們試試看。」引導提問是一個優秀的會議主持人最常使用的方式，根據所討論的問題，以引導性的方式提出自己的意見，這樣就能把會議參加者的思路都集中在一起，工作效率也會隨之提高。我們通常把提出的問題分為兩大類：開放式提問和封閉式提問。開放式提問需要我們花費時間思考後再做回答，封閉式提問的回答就簡單多了。比如說：「你對這個問題怎麼看？」和「你同意這種觀點嗎？」前者是開放式的提問，你需要先思考他所提的問題，然後再提出自己的意見；而後者只要簡單的提出肯定還是否定的答案就可以了。一位有經驗的會議主持人，應該善於運用各種提問方式。

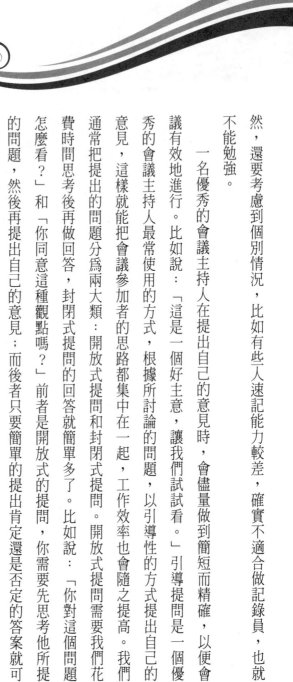

第三節　會議的進行階段

陳述的必要性

會議的主持人在會議之前一定要做好陳述的準備工作，準備工作的長短是根據個人經驗來定的。通常的準備工作包括：

1. **設定希望實現的具體目標**。首先，會議的主持人應該明確知道自己到底想從陳述中得到什麼樣的概念，其次是怎樣把自己所得到的概念應用於會議當中。

2. **羅列出所有對於實現既定目標有幫助的資訊**。這些資訊包含和討論內容相關的消息、案例、研究的成果、個人經驗等。

3. **根據時間選擇最爲切題的資訊做陳述**。

4. **熟悉聽眾群**。主持人應該在陳述前就清楚瞭解陳述對象對於陳述內容有多大的興趣、瞭解的程度，以及對於陳述主題的態度和觀念等等。

5. **備好陳述綱要**。這份綱要一定要清楚地把陳述的目的告訴你的聽眾，以吸引他們的注意力。在陳述的過程中要掌握由簡而繁、由已知到未知、由過去到現在、由少數到多數的陳述技巧，並且指出由陳述內容所獲得的啓示。

6.**瞭解陳述的內容**。會議的主持人應該對所要陳述的內容做詳細的瞭解。只有這樣才能正確無誤的回答聽衆所提出的問題，也只有這樣才能讓聽衆覺得他是言之有理的。

7.**準備好各種輔助陳述的儀器，包括圖表、投影機、錄音（錄影帶）、幻燈片等等**。

8.**做陳述的演練**。會議陳述的成敗，主要取決於陳述者本人是否擁有自信心與熱情。細緻周全的陳述準備、豐富的演練經驗可以提高陳述者的自信心。至於熱情的多少就要看陳述人個性了，如果陳述者認爲他所陳述的資訊正確又生動有趣，値得陳述對象認眞傾聽，他的陳述熱情也就油然而生。

陳述所需要的技巧

1.**儘量減少刻板的念講稿**。要與你的聽衆保持視線和語言上的溝通與互動。

2.**靈活的運用語言的技巧**。讓你的聽衆及時地對你所陳述的內容做出反應。

3.**儘量使用符合聽衆需要的實際案例和奇聞趣事**。

4. **恰當的改變陳述語氣和語調**。這樣可以改變陳述會場的沉悶氣氛，活躍聽眾的思維。

5. **多使用幽默的語言**。幽默的語言並不等於輕佻或是淺薄的語言。

6. **不要使用會讓聽眾分心的舉止**。有些人陳述時，喜歡在聽眾面前邊走邊舞動雙手，這樣的舉止能強化聽眾的興趣；不過也有一些陳述者，只要稍微的走動都會讓聽眾分心。避免讓觀眾分心的最佳方法，便是讓自己的陳述內容變得精彩有趣，讓聽眾能全神貫注的聆聽，而不會意識到自己陳述時的舉止。

7. **注意語言和措辭的使用**。要使用符合聽眾層次的語言。

8. **必要時，要以多媒體來配合陳述**。不要一邊翻閱講稿，一邊進行陳述，這樣做不但浪費自己與聽眾的時間，也會很快讓聽眾對你所陳述的內容失去興趣與耐性。

9. **多與聽眾進行互動，避免一個人唱獨角戲**。

會議傾聽的要點

學會在會議中傾聽是會議主持人和參與者都需要學習的技巧。但是有很多會議的主持人不能做到有效地傾聽，甚至有人認爲，不說話便是傾聽，這是嚴重的錯誤！傾聽是需要眼睛、心思和頭腦同時工作的一項心理活動。傾聽者必須從耳朵開始聽取，然後轉到思維上，最後再反映到大腦做出回應。只要能在會議傾聽中做到下述幾點，你的傾聽就是有效傾聽；反之，你的傾聽不但無效，還可能是「聽而不聞」的狀態。

1.從觀察陳述者的眼神、表情、手勢以及身體的姿態等等，來判斷他言語中的眞正含義。

2.在傾聽時，嘗試使用換位思考的模式，去體驗陳述者的角度與立場，對於理解陳述者想表達的內容有很大幫助。

3.最後由大腦思維對陳述者所表達的內容進行分析，然後給予適當的回應。

第四節 十五種不良的與會弊病和會議困境的處理

不良的與會態度

1. **作白日夢**。耳朵雖然在聽，卻是聽而不聞；眼睛也看到了，卻是視而不見；心思也想了，卻飄到九霄雲外，整個人魂不守舍！若是不能把心思都放在開會上，那何不找個安靜的地方作白日夢呢？

2. **聽話只聽表面**。傾聽所要得到的資訊並不是簡單的表面事實而已，而是要探尋隱藏在事實背後的眞實含義。

3. **精神不集中**。精神不集中等於大腦的癱瘓。處在這種狀態下的人，自然無法集中注意力去傾聽別人的談話內容，所以振作精神是會議傾聽中的重要一步！

4. **對某一類話語或某一類說話人有偏見**。有些人會根據陳述者的外貌、身分、地位等來判斷他所說的內容是否值得傾聽；也有些人會根據對陳述者的陳述內容是否有興趣，而決定傾聽與否。不管你是屬於哪一種，都只表現了你的無知和對人的偏見。

5.**情緒不穩定**。當一個人情緒波動厲害，那他只能聽到他想聽的話，對於他不想聽的當然就會忽略，所以在傾聽別人談話的時候請先冷靜下來吧！

6.**心本不在，卻裝作心在**。本來心不在焉已經妨礙了傾聽的效果，如果再擺出凝神聆聽的姿態，陳述人的資訊就更不可能有效的傳達給你，因爲可用來接受資訊的心思，已經全用在擺姿態上了。

7.**邊聽邊記**。如果對所聽到的內容進行總結性的記錄，這樣的記錄是增強傾聽效果的一種好方法；如果只是單純的記錄所聽到的資訊，大腦便沒有時間對所聽到的資訊進行分析和研究，大大地損害了傾聽效果。

8.**不運用聽比說快的技巧**。通常人們聽的速度大約比說的速度要快三倍，所以聽人說話容易分心。既然我們知道了聽比說快的道理，就應該從容的聽人說話，研究言語裡的深層含義。

9.**吐字不夠清楚**。有些人在開始說話的時候音量還比較大，但是不知不覺地降低音量，直到讓人無法聽清楚。這種說話習慣常常讓聽話的人不知所云。

10.**開口不能停**。有些人說話的欲望極其強烈，一開口便停不下來。這樣的人因爲不能把說話的機會留給別人，無法和聽話的人達成互動，會讓聽話的人越來越不耐煩，也越來越不想聽你說話。

11. **說話的語速太慢**。說話慢吞吞的人總會給人一種矯揉造作的感覺，一般人都缺乏耐心去聽他慢吞吞的說話。

12. **神秘兮兮的說話**。這種說話方式很容易使聽話者對說話者本人的關注，勝過所說的內容。

13. **透過鼻孔說話**。這種說話的方式會給人一種馬虎、輕浮的印象。說話者本身並沒有認眞地傳達，導致了聽話者也沒有認眞地聽。

14. **說話時視線飄移**。說話時要和聽話者正視是基本的禮貌。如果說話者兩眼視線飄移，會給聽話者留下心懷不軌的印象，甚至認定說話者並非善意，而排斥他所說的話。

15. **說話吞吞吐吐**。有些人說話時吞吞吐吐、猶豫不決，好像有許多顧忌似的，有些人則喜歡在提出見解之後，又反覆修改自己的見解，這兩類說話方式最容易表現說話者缺乏信心，也會讓聽話者對你失去信心。

會議困境的處理

會議的成功與否要依賴與會者的互動。但一次會議的完成往往會出現意想不到的問題。有時因爲個人因素，有時因爲程序原因。但是不管在任何情況下，會議的主持者都有責任保證會議是朝著正確的、熱烈的討論方向進行。以下四大原則，有助於你達成目標。

1. **面對某些人的支配欲望**。在會議中，有些人可能因爲富有經驗或職務、地位較高，而總是想掌握支配權。如果我們開會的目的是想集思廣益、找出不同觀點，那麼廣泛地參與討論是會議成功的因素。這時，主持者就應該提一些問題，鼓勵與會者的主動性。如果這個方法行不通，不妨嘗試利用休息時間與那些人私下談，也許對會議有所幫助。

2. **面對爭論**。有些無知的人喜歡在會議中吹毛求疵。這時，主持者要保持清醒的頭腦，透過一些提問讓他們自覺所掌握的資訊是錯誤的，然後便不需要再理睬他們了。通常這樣的人很不受歡迎。這時，主持者可透過詢問其他與會者一些問題來緩和一下會議的氣氛，從而維持會場討論的平衡。一般情況下，這樣的人會意識到自己的錯不再繼續爭論。但是萬一遇到了特別沒有自覺意識的人，主持者也可以直截了當地向他指出，他這種做法擾亂了會議的秩序，浪費了大家寶貴的時間，然後轉向其他人提問，以便討論得以繼續進行。

3.**面對開小會**。參加會議的人數衆多時，便經常會發生一些人在下面開小會的情形。開小會通常是因爲某個人想講話但是又沒有機會，或者是在提出自己的想法前，想先試探一下別人的看法。會議中有人開小會是不可避免的。

不過這種小會一般都比較簡短。而萬一小會長時間進行下去，會議主持者便需要出面解決。解決的辦法也很簡單，一是請開小會的人告訴大家他剛才所講的內容，另外就是用眼神或者肢體語言示意那個破壞秩序的人，這樣就可以恢復會議秩序。

4.**鼓勵與會者廣泛的提建議**。讓與會者對討論的問題進行深入思考，然後提出有效的解決方法，哪些行得通？哪些存在明顯的危機？最後結果又意味著什麼？在時間允許的情況下，把參加會議者的建議整合到議程裡加以歸納分析。

第五節　會議結束階段

圓滿地結束會議

無論是什麼類型的會議，在會議結束的時候都應該重新回顧一下會議的目標、取得的成果和已經達成的共識，這不僅有利於清理會議的思路和諸多問題，還可以加深與會者對會議內容的印象。

1.總結主要的方案、議程，以及其他議案的討論結果。

2.回顧會議的議程，說明此次會議已經完成的議案事項和下次會議的議程安排。

3.給與會者時間發表結束感言。

4.討論下次會議的日期、時間和地點，並達成一致的共識。

5.評估本次會議，在積極的氣氛中結束會議，並且對參加會議的人表示衷心感謝。

會議結束要點

在討論完所有的議案或者是會議結束之前，會議的主持者應該適時地結束會議。在結束會議時，儘量不要使用下列說法：「時間差不多了，如果沒有其他問題，我們就散會。」因爲在會議結束之前，很可能會有與會者臨時想到什麼事情，則會議就無法按時結束。另外，會議主持者這樣的說話方式，好像就只是機械的完成了分內的事情。一旦與會者有了這樣的印象，等會議結束之後，他不會覺得從這次會上得到任何的收穫。

會議結束後

1. **會議結束後，會議的主持者要對剛剛結束的會議進行評估，以作爲改進下次會議的參考。**主持者在每一次會議結束後，都應該花時間，針對所開會議是否具有實效做評估。但是爲了避免主觀意識的影響，也可以採用不記名問卷調查的方式，讓與會者評估會議的成功與否。

2. **整理會議記錄**。會議記錄在工作中可以作爲決策議案的執行追蹤依據，也是組織內部的交流溝通檔案。要想使會議記錄充分發揮它的作用，就應該在會議結束後二十四小時之內請專人整理、保管，並送給相關的與會人員。會議記錄如果能夠按時送給相關的與會人員，就可以幫助他們在會議結束後的執行上收到良好的效果。比如，會議記錄在內容上如果還有商榷的餘地，便可以及時的更改，因爲與會者在這時仍對會議記憶猶新；會議中如果有後續的工作等待與會者處理，則會議記錄可以發揮提醒及督促的作用。

3. 會議的主持者應該適時地追蹤會議中決議過的事項執行情況。

4. 會議的主持者應該適時解散已完成任務的委員會或工作小組，避免開沒必要、沒理由的會。

導致會議失敗的五種原因

我們會發現許多會議失敗的例子，導致會議失敗的原因有很多種：

1. **議程安排不當。**如果沒有對會議的議程進行合理化的安排，會議進行雜亂無章，秩序就很難得到控制。這樣的會議不但浪費了與會者的時間，更讓與會者對整個會議失去信心和耐心。

2. **組織不當。**會議的組織如果不夠周密細緻，將導致會議中討論的內容偏離了既定目標。

3.**主持者的原因**。主持者放任討論隨意發展，讓會議的目的和想要得到的結果模糊不清，允許一些人夸夸其談、自說自話，而使更多的人無法發表自己的見解。

4.**理解不透徹**。錯以爲參加會議的人都會在會前仔細閱讀所發的會議資料，在會議的進行當中又錯誤的認爲所要傳遞的資訊能讓與會者很快地接受。

5.**記錄有錯誤**。由於前一次的會議記錄內容不夠正確，因而在本次會議上需要重新考慮有關問題。

避免會議失敗的十項建議

1.**提前分發每項議程主題的附件給參加會議的人，以節省開會的時間**。這樣就可以確定每一項拿到會上討論的主題，都在開會前向與會者做過簡單介紹。

2.**將議程主題限制在一個主要的討論主題**。

3.**在議程上要明確會議時間的長短**。與會者有了時間限定的概念，就會更加積極地參與討論。

4.**儘量把話題限制在同一個主題範圍之內**。這樣有助於會議的順利進行，也可以使參加會議的人數減到最少。如果會議中有不同的主題，便可以安排成兩個小會進行討論。

5.對於有爭議的、複雜的，或與會者完全不熟悉的話題，要安排充分的時間進行討論。

6.假如討論的主題之間沒有關係，要儘量安排一些話題保持與會者的興趣。因為要使與會者從他很感興趣的問題轉到興趣不高的問題上，並始終全神貫注，是很困難的。

7.注意力的持續時間是很有限的。對於時間就是金錢的商務人士來說，有效的會議一般約一個小時，如果會議進行了一個半小時，就到了效果遞減的臨界線了。

8.假如會議必須開到兩個小時以上，應該安排中間休息的時間。

9.不要把某些特殊管理階層的「心愛專案」列入議程。

10.假如可能，要留出會後交談的聯絡感情時間。

國家圖書館出版品預行編目資料

深得人心的強效溝通術／郭台鴻著
——第一版—— 臺北市：知青頻道出版；
紅螞蟻圖書發行，2010.09
面　　公分——
ISBN 978-986-6276-31-6（平裝）

1.說話藝術 2.溝通技巧 3.肢體語言 4.職場成功法

192.32　　99015412

深得人心的強效溝通術

作　　者／郭台鴻
美術構成／Chris' office
校　　對／周英嬌、楊安妮、朱慧蒨
發 行 人／賴秀珍
榮譽總監／張錦基
總 編 輯／何南輝
出　　版／知青頻道出版有限公司
發　　行／紅螞蟻圖書有限公司
地　　址／台北市內湖區舊宗路二段121巷28號4F
網　　站／www.e-redant.com
郵撥帳號／1604621-1　紅螞蟻圖書有限公司
電　　話／(02)2795-3656（代表號）
傳　　真／(02)2795-4100
登 記 證／局版北市業字第796號
港澳總經銷／和平圖書有限公司
地　　址／香港柴灣嘉業街12號百樂門大廈17F
電　　話／(852)2804-6687
法律顧問／許晏賓律師
印 刷 廠／鴻運彩色印刷有限公司
出版日期／2010年9月　第一版第一刷

定價 200 元　港幣 67 元

ISBN 978-986-6276-31-6　　**Printed in Taiwan**